Palmen in Mitteleuropa
Anleitung zum erfolgreichen Auspflanzen und Überwintern

Mario Stähler

ISBN 3-00-007236-5

1. Auflage 2000

Veröffentlicht durch The European Palm Society, München

Fotos: Martin Gibbons & Tobias W. Spanner
Illustrationen: Rudolph Maria Spanner
Umschlaggestaltung, Layout und Satz: *ultracondensed.com - berlin*
Druck und Bindung: Marodruck, Augsburg
Printed in Germany

THE EUROPEAN PALM SOCIETY

Inhalt

Einleitung

Dieses Buch befasst sich mit den Möglichkeiten einer ganzjährigen Gartenkultur von Palmen in Deutschland, Liechtenstein, Österreich und der Schweiz. Aufgrund des mediterranen Klimaeinflusses im Tessin soll dieser Kanton der Schweiz vorwiegend unberücksichtigt bleiben.
Da man in der deutschsprachigen Gartenliteratur bisher nur wenig hilfreiche Hinweise zu diesem Thema fand, blieb das Wissen über die Möglichkeiten einer exotischen Gartengestaltung einem Großteil der Öffentlichkeit verborgen und war nur wenigen Palmenkennern bekannt. Nur dem unermüdlichen Pioniergeist einiger experimentierfreudiger Hobbygärtner ist es zu verdanken, dass der Traum von einer südländischen Gartenanlage in unserem Klimabereich nicht länger unerfüllt bleiben muss. Dieses Buch trägt die gesammelten Erfahrungen zusammen und zeigt die Möglichkeiten moderner Gartengestaltung. Es soll dem bestehenden Informationsdefizit in diesem Bereich entgegengewirkt und dem Interessierten der Einstieg in ein faszinierendes und außergewöhnliches Hobby erleichtert werden.
Der Leser wird durch eine ausführliche und leicht verständliche Einführung in die Lage versetzt, ausgesuchte, winterharte Palmen im eigenen Garten erfolgreich zu kultivieren. Bereits erfahrene Palmenkenner sollen zum Auspflanzen von anspruchsvolleren Palmen ermutigt werden. Das Buch enthält nicht nur Informationen über die Gestalt, die Herkunft und die Frosttoleranz der zum Auspflanzen geeigneten Palmen, sondern setzt sich auch intensiv mit den Kulturbedürfnissen und den einzelnen Schutzmöglichkeiten im Winter auseinander. Alle praxisbezogenen Informationen beruhen auf langjährigen Erfahrungen des Autors und zahlreicher Mitglieder der European Palm Society.
Der mitteleuropäischen Gartenbautradition folgend geht man davon aus, dass sich die erfolgreiche Freilandkultur von Palmen auf die Klimazonen der Tropen und Subtropen beschränkt. Entgegen dieser Ansicht besitzen einige Palmen jedoch eine große Frosttoleranz, die es ihnen erlaubt, auch in der gemäßigten Klimazone auf günstige Wachstumsbedingungen zu treffen und erfolgreich zu gedeihen. Beispiele für ausgedehnte Palmenkulturen im gemäßigten Klimabereich finden sich auf den Britischen Inseln, den Kanalinseln, in Westfrankreich und der Südschweiz. Diese Frosttoleranz ermöglicht es, selbst in der gemäßigten Klimazone Mitteleuropas, im Einzugsbereich des maritimen, atlantischen Winterklimas, Palmen überaus erfolgreich im Freiland zu kultivieren.
Grundsätzlich sind nur Palmen mit einer Frosttoleranz unter -12°C für die Kultur in Mitteleuropa geeignet.
Bei Zugrundelegung dieser Frosttoleranz stehen derzeit 18 verschiedene Palmenarten

für ein Auspflanzen im gemäßigten Klimabereich zur Verfügung. Zu diesen vergleichsweise frostharten Palmen gehören solche der Gattungen Trachycarpus, Sabal, Chamaerops, Nannorrhops, Rhapidophyllum, Serenoa, Trithrinax und Jubaea.
Palmen wie *Brahea armata*, *Brahea decumbens*, *Butia capitata*, *Phoenix dactylifera*, *Phoenix theophrastii* und *Sabal mexicana* liegen mit einer Frosttoleranz von -8°C bis -12°C nur knapp unterhalb dieses empfohlenen Grenzwertes. Eine Freilandkultur dieser Palmen ist in den mildesten Regionen Mitteleuropas durchaus vorstellbar, jedoch ist der Winterschutz mit einem größeren Aufwand verbunden. Die Kultivierung dieser weniger frostharten Palmen setzt aber viel Erfahrung voraus.
Die ganzjährige Gartenkultur bietet gegenüber der herkömmlichen Kübelkultur eine Reihe von Vorteilen. Durch Auspflanzung passen sich die Palmen dem natürlichen Rhythmus der Jahreszeiten an und erfahren hierdurch eine „artgerechtere" Haltung. Da sich der Stoffwechsel der Pflanze durch die verbesserten Lichtverhältnisse beschleunigt und die Wurzeln sich nahezu ungehindert ausbreiten können, wird das Wachstum der Palme um ein vielfaches erhöht. Ab einem bestimmten Alter werden die Palmen regelmäßig blühen und teilweise sogar reife Früchte tragen. Letztlich werden einige Arten durch ihre hohe Frostverträglichkeit sogar im Winter nur einen geringen und kurzzeitigen Winterschutz benötigen, so dass wir uns auch in der dunklen Jahreszeit am südländischen Charme unserer Gärten erfreuen können.

Das Ziel unserer Bemühungen soll aber nicht nur darin bestehen, wenige Gärten mit exotischen Pflanzen zu verschönern, sondern auch eine breitere Öffentlichkeit über die Möglichkeiten einer Freilandkultur von Palmen und anderen Exoten in unserem Klimabereich zu informieren und sie dafür zu begeistern.
Da sich das Wissen in rascher Folge weiterentwickelt und vergrößert, muss jeder prüfen, ob die Angaben im Laufe der Zeit nicht durch neuere Erkenntnisse überholt sind. Die neuesten Entwicklungen werden z.B. in der vierteljährlich erscheinenden Zeitschrift „Chamaerops" durch Mitglieder der „*European Palm Society*" (in deutscher, englischer und französischer Sprache) veröffentlicht.
Alle Punkte dieses Buches sollten vor der Auspflanzung einer Palme gut bedacht werden, um Schäden an der Pflanze zu vermeiden. Letztlich handelt es sich auch bei Palmen um Lebewesen, deren Leben man nicht unnötig und durch eine unsachgemäße Behandlung „auf's Spiel setzen" sollte. Die eigenen Anstrengungen und der Aufwand beim Winterschutz, der Palme gesund und ohne Schäden über den Winter zu helfen, werden im Sommer durch kräftiges Wachstum, prachtvolles Aussehen und Blütenbildung bei älteren Palmen belohnt.

* * *

Botanische Klassifizierung

Für eine internationale Verständigung sind für die Bezeichnung von Pflanzen Namen nötig, die über die Sprachgrenzen der Regionen hinaus Gültigkeit haben. Dies erfüllen die botanischen Namen in lateinischer Form. Der botanische Name einer Pflanze ist aus zwei Teilen, dem Gattungs- (z.B. Trachycarpus) und dem Artnamen (z.B. fortunei), zusammengesetzt.

Gelegentlich können sich diese gültigen Namen durch neue Erkenntnisse in der Botanik auch ändern, die Botanik der Palmen ist ja ein vergleichsweise junger Forschungszweig. Oft werden mehrere Artnamen einer einzigen Art als Synonyme untergeordnet, Gültigkeit hat immer der erste publizierte Name. Häufig werden auch überholte Namen noch lange benutzt. Die Verwendung solcher Synonyme kann leicht zu Mißverständnissen führen und sollte vermieden werden. *Trachycarpus fortunei* wird z.B. im Handel oft unter dem Synonym *Chamaerops excelsa* angeboten.

Um die Vielfalt in der Pflanzenwelt ordnen zu können, bedarf es einer systematischen Klassifizierung in Form von Rangstufen. Mit jeder Unterstufe erhöht sich das Maß der Ähnlichkeit unter den Palmen.
Familien sind Pflanzengruppen, die sich aus mehreren Gattungen mit gemeinsamen morphologischen Merkmalen zusammengesetzen. Palmen gehören zur Familie der *Arecaceae*, die sich wiederum in sechs Unterfamilien (*Coryphoideae, Calamoideae, Nypoideae, Ceroxyloideae, Arecoideae, Phytelephantoideae*) gliedern lässt.
Bis auf *Butia capitata* und *Jubaea chilensis*, die zur Unterfamilie der Arecoideae gehören, zählen alle anderen zur Freilandkultur in Mitteleuropa geeigneten Palmen zur relativ frostverträglichen Unterfamilie der Coryphoideae.
Eine Palmengattung umfasst in der Regel mehrere Arten (z.B. bei Trachycarpus, Sabal), seltener nur eine einzige Art (z.B. *Serenoa repens, Rhapidophyllum hystrix, Jubaea chilensis*).

Zu einer Art gehören Palmen, wenn ihre Hauptmerkmale identisch sind. Dennoch können auch innerhalb einer Art verschiedene Unterarten (Abk.: ssp.), Varietäten (Abk.: var.), Formen oder Kultivare auftreten. Diese unterscheiden sich jedoch nur in wenigen Details (z.B. Blattfarbe, Blütenfarbe, Samengröße oder -form) von ihren Artgenossen (z.B. *Chamaerops humilis var. cerifera*).

* * *

Mario Stähler

Morphologische Merkmale

Um Palmen nach Gattung und Art unterscheiden zu können, bedarf es einer Betrachtung der morphologischen Merkmale (Pflanzenorgane). Das äußere Erscheinungsbild einer Palme wird durch die Wirkung ihrer Wuchsform, d.h. der Form ihres Stammes, dem Bau ihrer Blätter, der Blüte und Fruchtbildung bestimmt.

Innerhalb der Palmenfamilie lassen sich fünf Grundtypen von Stammformen unterscheiden. Für uns sind allerdings nur Palmen mit Solitär- und Mehrfachstämmen (Tuff), sowie Palmen mit kriechenden und unterirdischen Stämmen von Bedeutung. Palmen mit klimmenden und sich verzweigenden Stämmen sind auf Grund ihrer geringen oder fehlenden Frosthärte für eine Auspflanzung in unserem Klimabereich ungeeignet.
Die Besonderheit beim Stammwachstum einer Palme besteht im primären Dickenwachstum. Palmen entwickeln bei der Keimung zunächst nur ein ungeteiltes Primärblatt. Jedes weitere Blatt kräftigt die Palmenbasis, so dass nach einigen Jahren die Entwicklung des basalen Fundamentes abgeschlossen und dessen Durchmesser festgelegt ist. Ab diesem Zeitpunkt wird das Wachstumszentrum (Vegetationspunkt) der Palme mit der Blattkrone nur noch in die Höhe wachsen (primäres Dickenwachstum).

Die Anlage der Blätter erfolgt im Vegetationspunkt der Palme, wobei man grundsätzlich zwischen Fieder- und Fächerblättern unterscheidet. Jedes Palmenblatt besteht aus der Blattbasis, dem Blattstiel und der Blattspreite. Die Blattbasis bildet die Ansatzstelle des Blattstieles am Palmenstamm. Nach dem Absterben der Blätter bilden die Blattbasen die charakteristischen Blattnarben am Palmenstamm. Der Blattstiel befindet sich zwischen der Blattbasis und der Blattspreite. Bei gefiederten (pinnaten) Blättern endet er an den ersten Seitenfiedern und setzt sich als Mittelrippe fort (z.B. Butia). Geht der Blattstiel bei einer Fächerpalme in die Blattspreite über, handelt es sich um ein costapalmates Blatt (z.B. bei Sabal). Bei palmaten Blättern endet der Blattstiel abrupt an der Blattspreite (z.B. bei Chamaerops) (siehe Abbildungen 1, 2 und 3).

Palmenblüten erscheinen in Form von Blütenständen, den sogenannten Infloreszenzen. Im Jugendstadium werden sie von einem Hüllblatt geschützt, das sich jedoch im weiteren Verlauf der Blütenentwicklung öffnet und die Infloreszenz freigibt. Palmenblüten können männlich, weiblich oder zwittrig sein. Bei zweihäusigen Palmen (z. B. Phoenix) werden, im Gegensatz zu einhäusigen Palmen (z. B. Sabal), männliche und weibliche Blüten auf verschiedenen Pflanzen ausgebildet. Palmenfrüchte entstehen

aus weiblichen oder zwittrigen Blüten und unterscheiden sich je nach Palmenart sehr stark in Form, Farbe und Größe.
Die in diesem Buch beschriebenen Palmenarten werden, ein bestimmtes Alter und eine adäquate Größe vorausgesetzt, in unserem Klimabereich regelmäßig zur Blüte kommen. Vertreter der Gattung Trachycarpus blühen bereits in einem frühen Entwicklungsstadium. Bei dieser Gattung handelt es sich um die einzigen Palmen, die auch in unserem Klimabereich regelmäßig und zuverlässig zur Fruchtreife kommen.

Abb. 1: Pinnates Blatt

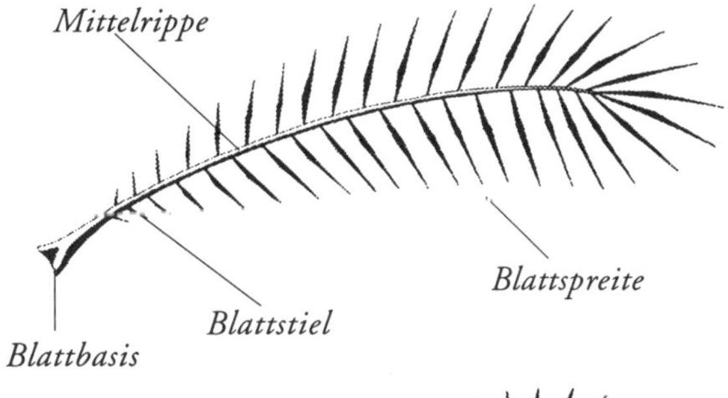

Abb 2: Costapalmates Blatt

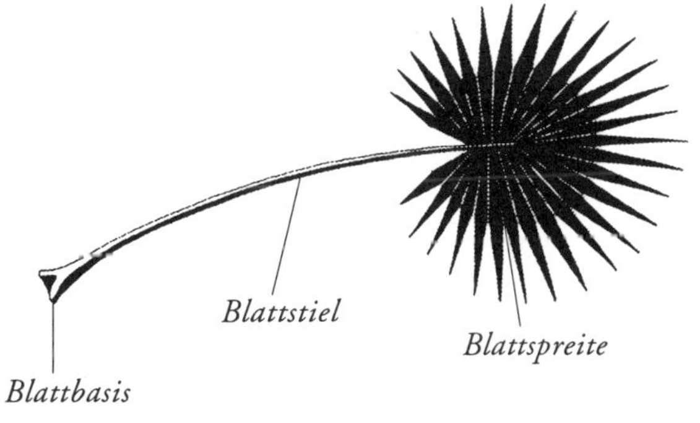

Abb 3:Palmates Blatt

Mario Stähler

Auspflanzbare Arten

Im folgenden Abschnitt werden alle zur Freilandkultur in Mitteleuropa geeigneten Palmen beschrieben. Bis auf *Trachycarpus fortunei* und *Chamaerops humilis*, die relativ häufig im Handel angeboten werden, findet man alle anderen Arten nur im Palmenfachhandel.

Solitäre Fächerpalmen

Trachycarpus fortunei zählt zu den bekanntesten und weitverbreitesten Palmen im deutschsprachigen Raum. Alleine in West- und Südwestdeutschland wurden diese Palmen bisher an über 50 Standorten erfolgreich im Freien kultiviert. Man findet sie am Genfer See, in der nördlichen Schweiz und selbst im Osten Österreichs. Die größten Exemplare haben mittlerweile eine Höhe von 6-8m erreicht. Eine bemerkenswerte Anpflanzung von Trachycarpus fortunei in verschiedenen Größen befindet sich z.B. vor der Eingangshalle des Palmengartens in Frankfurt am Main.

Trachycarpus fortunei

Hanfpalme (Abbildung siehe Seite 11)

Das Verbreitungsgebiet der Hanfpalme erstreckt sich von Mittel- bis Ostchina, sie wird dort wegen der haltbaren Fasern, die den Stamm umgeben, vielfach kultiviert. Ihre ursprügliche Heimat lässt sich nach Jahrtausenden der Kultivierung in China nicht mehr ausmachen.

Die Hanfpalme entwickelt einen schlanken Solitärstamm von bis zu 12m Höhe. Der Stamm ist zunächst völlig, mit zunehmendem Alter nur noch im oberen Teil mit zähen, braunen Fasern bedeckt. Ihre dunkelgrünen Fächerblätter erreichen bis zu 110cm Durchmesser und glänzen unter optimalen Bedingungen an der Unterseite bläulich. Die Pflanzen sind zweihäusig, selten zwittrig. Die weiblichen Blüten bringen kleine, bläuliche, nierenförmige Früchte hervor, die auch in unseren Breiten zur Reife kommen.

Im Alter blüht die Hanfpalme jedes Jahr, wobei die weibliche Pflanze cremefarbene, die männliche - etwas größere - Pflanze, gelbe Blüten bildet. Die Hanfpalme wird oftmals noch unter ihrem alten Namen "Chamaerops excelsa" angeboten. Bei Trachycarpus fortunei handelt es sich um eine sehr robuste und wuchsfreudige Palme,

Trachycarpus fortunei (siehe Seite 10)

Trachycarpus takil (siehe Seite 15)

Trachycarpus princeps (siehe Seite 16)

Trachycarpus nanus (siehe Seite 16)

Sabal palmetto (siehe Seite 17)

Sabal uresana (siehe Seite 18)

Chamaerops humilis (siehe Seite 19)

Trithrinax campestris (siehe Seite 21)

Jubaea chilensis (siehe Seite 22)

Brahea armata (siehe Seite 23)

Sabal mexicana (siehe Seite 23)

Phoenix dactylifera (siehe Seite 24)

Butia eriospatha (siehe Seite 24)

Sabal etonia (siehe Seite 17)

Rhapidophyllum hystrix (siehe Seite 20)

Trachycarpus latisectus (siehe Seite 15)

Nannorrhops ritchiana (siehe Seite 20)

Chamaerops humilis var. cerifera (siehe Seite 19)

die unserem Klima hervorragend angepasst ist. Bei dieser Palme könnte man sich wünschen, dass sie sich von einer Kultur auch selbstständig in die mitteleuropäische Natur ausbreitet, wie es z.B. im Tessin zu beobachten ist. Ihre Frosttoleranz liegt zwischen -12 bis -17°C.

Trachycarpus wagnerianus
Wagners Hanfpalme

Trachycarpus wagnerianus wurde Mitte des 19. Jahrhunderts von Japan nach Europa eingeführt. Sie ist nur aus Kultur bekannt, d.h. ein Wildstandort wurde nicht gefunden. Sie ist an ihren kleineren, sehr steifen Fächern zu erkennen, die 55-75cm Durchmesser erreichen. Die tiefgrünen "Miniaturfächer" geben ihr eine hohe Windverträglichkeit. Sie bildet ebenfalls einen schlanken Solitärstamm von ca. 6m Höhe. Die Blüten zeigen nur geringfügige Unterschiede zu Trachycarpus fortunei. Ihre Frosttoleranz liegt ebenfalls zwischen -12 bis -17°C.

Trachycarpus latisectus
Windamere-Palme (Abbildung siehe Seite 14)

Diese Art war seit 1995 unter dem Namen *Trachycarpus "sikkimensis"* bekannt und wurde 1997 als neue Art beschrieben und trägt seitdem den offiziellen Namen Trachycarpus latisectus. Sie kommt im indischen Bundesstaat West Bengal (Darjeeling) und vermutlich in Sikkim in Höhen zwischen 1200m bis 2400m vor und befindet sich erst seit wenigen Jahren in Kultur. Sie bildet einen glatten Stamm und große, kreisrunde, tief dunkelgrüne und glänzende Blätter.
Im Gegensatz zu den anderen in diesem Buch beschriebenen Trachycarpus-Arten, entwickelt diese Palme nicht die typischen nierenförmigen, sondern ovale Früchte, ähnlich einer Kaffeebohne.
Die Windamere-Palme ist die größte Art der Gattung, sie ist etwas empfindlicher gegen Frost und verträgt Temperaturen zwischen -9 bis -14°C.

Trachycarpus takil
Kumaon-Hanfpalme (Abbildung siehe Seite 11)

Die Kumaon-Hanfpalme ist im nordindischen Himalaja (Kumaon, Uttar Pradesh) verbreitet und gedeiht an kühlen Nordhängen in Rhododendronwäldern bis auf Meereshöhen von 2400m. Sie entwickelt einen Solitärstamm von bis zu 12m Höhe.

Im Gegensatz zu *Trachycarpus fortunei* besitzt sie mehr Blattsegmente und die Fasern fallen rasch vom Stamm. Als gutes Unterscheidungsmerkmal dient bei größeren Pflanzen der asymmetrische Ansatz der Blattspreite am Blattstiel. In ihrer Heimat ist die Kumaon-Hanfpalme akut vom Aussterben bedroht und nur noch vereinzelt anzutreffen. Da sich die Palme seit einigen Jahren in Kultur befindet, könnte so der Bestand dieser sehr schönen und robusten Art gesichert werden. Dank ihrer höheren Frosttoleranz zwischen -13 bis -18°C ist Trachycarpus takil unserem Klima am besten angepasst.

Trachycarpus princeps
Marmor-Hanfpalme (Abbildung siehe Seite 11)

Trachycarpus princeps wurde erst 1995 entdeckt und erstmals beschrieben. Es ist die seltenste und schönste Hanfpalmenart. Sie wächst nur an einer einzigen Stelle einer Marmorklippe im äußersten Westen der chinesischen Provinz Yunnan in einer Meereshöhe zwischen 1550m bis 1850m. Die auffälligste Besonderheit dieser Art besteht in ihren großen Fächern mit wachsweißer Unterseite. Diese Art ist noch nicht in Kultur anzutreffen, da man bisher noch keine Samen sammeln konnte. Auf Grund der klimatischen Verhältnisse am Naturstandort kann davon ausgegangen werden, dass diese Palme eine Frosthärte zwischen -12 bis -15°C besitzt.
Sobald eine Kultur möglich ist, dürfte sich diese Palme zu einem Schmuckstück in unseren Gärten und sehr begehrten Objekt für jeden Palmenliebhaber entwickeln.

Trachycarpus nanus
Yunnan-Zwergpalme (Abbildung siehe Seite 11)

Bei Trachycarpus nanus handelt es sich um eine kleine, buschartige, bis maximal 1m hohe, meist jedoch deutlich kleinere, stammlose Art mit tief geteilten, schmalen, blaugrünen und harten Blättern. Ihr natürliches Verbreitungsgebiet befindet sich im rauhen Bergland von Yunnan (Südwestchina) zwischen 1800m und 2300m Höhe. In Kultur hat sich die Palme als sehr hart erwiesen. Ihre Frosttoleranz liegt bei -14 bis -18°C.

Neben diesen Trachycarpus-Arten gibt es aber noch weitere, zur Auspflanzung geeignete Solitärpalmen. Hierzu gehören die Sabal-Arten:

Sabal etonia
Buschpalmetto

Der Stamm dieser Palme wächst zunächst unterirdisch und erreicht erst im Alter eine Höhe bis zu 3m. Der Stammdurchmesser kann dabei 20cm betragen. Die gelb- bis blaugrünen Fächer sind streng costapalmat, wodurch sich diese Art leicht von Sabal minor unterscheiden lässt. Sabal etonia ist als Unterwuchspalme in den Pinien- und Eichenwäldern Zentral- und Südostfloridas beheimatet. In Kultur ist sie nur selten anzutreffen. Aus den weißen Blüten entstehen runde, bis 1,5cm große, braun-schwarze Früchte. Wie bei allen Sabal-Arten sind die Blüten zwittrig. Der natürliche Bestand dieser Palme ist durch die zunehmende Verstädterung, forstwirtschaftliche Rodung und landwirtschaftliche Nutzung stark dezimiert und gefährdet. Die Frosttoleranz von ausgewachsenen Exemplaren liegt zwischen -10 bis -14°C.

Sabal minor
Zwergpalmetto

Der Stamm dieser Palme wächst unterirdisch und kriechend. In seltenen Fällen bildet das Zwerpalmetto einen aufrechten Stamm, der im Alter eine Höhe von 2-3m erreichen kann. Der Stammdurchmesser beträgt in diesem Stadium 20cm. Die kleine Krone besteht aus wenigen großen, steifen, blaugrünen Fächern. Diese Art entwickelt bereits nach wenigen Jahren 1-2m hohe, aufrechte Blütenstände mit weißen Blüten und später runden schwarzen Früchten. Sabal minor ist im gesamten Südosten der USA von North Carolina bis Texas anzutreffen. Sie wächst als Unterwuchspalme zumeist in Laubwäldern und sumpfigen Gebieten. In einigen Regionen ihres Naturstandortes (z.B. Mississippi) friert sie regelmäßig bis auf den Boden zurück, um im Frühjahr neu auszutreiben. Erfahrungsgemäß besitzt sie eine Frosttoleranz bis zu -20°C. Sabal minor wird von allen Sabal-Arten in Mitteleuropa bevorzugt kultiviert. Sie gehört einfach zu jeder Palmensammlung. Sabal minor wird häufig noch unter den Synonymen "*Sabal adansonii*" und "*Sabal louisiana*" angeboten.

Sabal palmetto
Palmettopalme (Abbildung siehe Seite 12)

Sabal palmetto ist die bekannteste Sabal-Art. Die Palmettopalme bildet einen Solitärstamm von bis zu 20m Höhe und 20-35cm Durchmesser, der oft dicht in die Reste alter Blattbasen gehüllt ist. Sie besitzt große, blaugrüne Fächer mit stark vom Blattstiel zurückgebogenen Spreiten. Die Blütenstände tragen weiße Blüten, aus denen kleine, runde, schwarze Früchte heranreifen. Die Palmettopalme ist in den südöstlichen USA, auf den Bahamas und auf Kuba weit verbreitet. In den USA gedeiht sie bevorzugt an den Küsten, auf Weideland, in Pinien- und Eichenwäldern. Ihr nördlichstes, natürliches Verbreitungsgebiet befindet sich auf Smith Island in North Carolina. Die Frosttoleranz liegt bei ausgewachsenen Exemplaren zwischen -12 bis -14°C. Bei *Sabal parviflora* handelt es sich um ein Synonym für Sabal palmetto.

Sabal x texensis
Brazoria-Palmetto

Bei Sabal x texensis ist eine natürliche Hybride zwischen *Sabal minor* und *Sabal mexicana.* Diese Palme stammt aus dem südlichen Texas und ist bisher in Mitteleuropa noch nicht in Kultur anzutreffen. Von Sabal minor hat sie die Frosthärte, von Sabal mexicana das stattliche Aussehen geerbt. Es ist die frosthärteste, stammbildende Art der Gattung Sabal. Wegen ihrer hohen Frosttoleranz von -17°C wird diese Palme, sobald größere Exemplare für eine Auspflanzung zur Verfügung stehen, zu einem begehrten Objekt werden und an Bedeutung gewinnen.

Sabal uresana
Sonora-Palmetto *(Abbildung siehe Seite 12)*

Bei Sabal uresana handelt es sich um eine große Fächerpalme mit robustem, genarbtem Stamm und silbrigblau bereiften Blättern mit weit zurückgebogener Blattspreite. Sabal uresana stammt aus der mexikanischen Sonora-Wüste. Dort wächst sie bevorzugt an der Küste, in Flusstälern und in Trockenwäldern bis in Meereshöhen von 1500m. In Kultur ist sie selten. Sabal uresana ist sicherlich die schönste Art der Gattung Sabal. In Mitteleuropa ist sie nur an einer sehr gut regen- und kältegeschützten Stelle zur Freilandkultur geeignet. Die Frostverträglichkeit größerer Pflanzen liegt bei -12 bis -14°C.

Tuffbildende Fächerpalmen

Weiterhin sind Chamaerops humilis, Nannorrhops ritchiana, Rhapidophyllum hystrix, Serenoa repens und Trithrinax campestris zum Auspflanzen geeignet. Diese tuffbildenden Arten wachsen oft niedrig, manche haben einen kriechenden oder unterirdischen Stamm. Mit zunehmendem Alter bilden diese Arten zahlreiche Ausläufer, die zu 1-2m hohen Büschen heranwachsen und diesen Arten ein stattliches Aussehen verleihen.

Chamaerops humilis
Zwergpalme (Abbildung siehe Seite 12)

Bei Chamaerops humilis handelt es sich um eine niedrige, tuffbildende Fächerpalme. In Kultur erreicht die Zwergpalme selten eine Höhe von über 3m. In unserem Klima wird sie ohne Winterschutz regelmäßig zurückfrieren und nur einen sehr niedrigen Tuff bilden. Die Stammoberfläche ist dicht mit braunen Fasern der Blattbasen bedeckt. Die Krone besitzt zahlreiche, steife, ausladende Fächer mit schlanken, stark bedornten Blattstielen. Der Blütenstand erscheint zwischen den Blattbasen und trägt männliche und weibliche Blüten auf verschiedenen Pflanzen. Es gibt aber auch zwittrige Blüten. Die Blüten sind gelb und erscheinen bereits bei sehr jungen Palmen. Die ovalen Früchte sind rotbraun bis violett. Die Zwergpalme ist im westlichen Mittelmeerraum beheimatet. Mittlerweile wird sie aber außerhalb der Tropen fast weltweit kultiviert. Chamaerops ist sehr variabel und es gibt viele unterschiedliche Kulturformen, deren Unterscheidungswert allerdings oftmals zweifelhaft ist. Ihre Frosttoleranz liegt bei -13°C.

Chamaerops humilis var. cerifera
Blaue Zwergpalme (Abbildung siehe Seite 14)

Die Blaue Zwergpalme unterscheidet sich durch ihren sehr kompakten Wuchs und ihre blausilbernen bis fast weißlich schimmernden Fächer von der Nominalform. Sie hat vermutlich als einzige den Status einer Varietät verdient. Ihr natürliches Verbreitungsgebiet befindet sich im marokkanischen Atlasgebirge bis in Höhen von 1700m. Chamaerops humilis var. cerifera verdient wegen ihrer Färbung und ihrer hohen Frosthärte bis -15°C eine besondere Beachtung. Generell handelt es sich bei Chamaerops um eine der anspruchlosesten und pflegeleichtesten Palmengattungen überhaupt.

Nannorrhops ritchiana
Mazaripalme (Abbildung siehe Seite 14)

Die Mazaripalme ist eine meist niedrige, Ausläufer treibende Palme mit kriechendem Stamm. Nur bei sehr guten Bedingungen bildet sie einen aufrechten, bis 5m hohen, sich verzweigenden Stamm. Der Stamm ist mit alten Blattbasen bedeckt. Die frischen Blattbasen sind in orangefarbene, wollartige Fasern gehüllt und enden in steifen, graugrünen Fächerblättern. Jede der bei älteren Pflanzen zahlreichen Kronen blüht nur einmal und bildet dann einen mehrere Meter hohen Blütenstand. Vor der Blüte werden die Fächer der jeweiligen Blattkrone zunehmend kleiner. Während der Fruchtentwicklung stirbt diese Krone bis zur letzten Verzweigung ab. Die Blüten sind zwittrig und bilden runde, orangebraune Früchte.
Verbreitet ist diese ungewöhnlich schöne Palme in den öden, halbwüstenartigen Gebieten Afghanistans und Nordpakistans zwischen 800m bis 1500m Höhe. Bei der im Iran, Südpakistan und Oman verbreiteten "Silberform" von Nannorrhops handelt es sich vermutlich um eine eigene Art. Gegenüber der normalen Mazaripalme besitzt diese Palme den Vorteil eines deutlich schnelleren Wachstums. Auf Grund ihrer geringeren Frosthärte bis etwa -9°C ist sie allerdings für eine Freilandkultur in unseren Breiten ungeeignet. Vor einem Kauf sollte also unbedingt Klarheit über die Art und Herkunft der Palme bestehen. Die normale Nannorrhops ritchiana ist bis -20°C frosthart und zur Auspflanzung an einer sehr regengeschützten Stelle geeignet. Das größte und wohl älteste in Kultur befindliche Exemplar von Nannorrhops ritchiana ist im Botanischen Garten der "La Sapienza-Universität" in Rom zu besichtigen.

Rhapidophyllum hystrix
Nadelpalme (Abbildung siehe Seite 14)

Bei dieser Art handelt es sich um eine kleine, tuffbildende Fächerpalme mit kurzem, oft kriechendem Stamm. Die jeweiligen Stämme sind mit dunklen Fasern und schwarzen, ca. 30cm langen Stacheln besetzt. Diese langsamwachsende Palme besitzt dünngestielte, sehr tief geteilte, aufrecht stehende und grüne Fächer, die an der Unterseite silbrig glänzen. Die Blüten sind zwittrig und haben eine gelbe oder orange Farbe. Die pelzigen, braunen Früchte sind elliptisch und werden ca. 2cm lang. Zur Fruchtreife kommt es allerdings nur während besonders warmer und langer Sommer oder an überaus wärmebegünstigten Standorten.
Rhapidophyllum hystrix stammt aus den südöstlichen USA von South Carolina bis Florida. Sie gedeiht dort im Unterwuchs der sommergrünen Laubwälder auf frischen Böden. Die Wildbestände dieser Palme sind klein und z.T. gefährdet. In Kultur ist sie bisher noch eher selten anzutreffen. Die Nadelpalme besitzt mit -23°C die größte

Frostverträglichkeit unter den Palmen und verdient vor allem in unseren Breitengraden eine größere Beachtung.

Serenoa repens
Sägepalmetto

Diese sehr langsam wachsende Fächerpalme bildet meistens unterirdische Stämme aus. Nur gelegentlich wachsen diese zu 3m hohen, häufig gebogenen Stämmen heran. Die zierlichen, steifen und tief geteilten, blau- bis gelbgrünen Fächer haben Blattstiele von bis zu 1m Länge. Diese Art bildet kurze, vielfach verzweigte Blütenstände mit duftenden, gelben Blüten. Gelegentlich erscheint die Blüte schon bei jungen Pflanzen. Die ovalen Früchte sind blau bis blauschwarz. Serenoa repens ist im Südosten der USA von South Carolina bis Florida weit verbreitet und bildet dort dichte, undurchdringliche Kolonien. Große Bestände dieser Palme befinden sich vor allem in Florida. Serenoa repens wächst bevorzugt in Sanddünen, Buschland und in lichten Kiefernwäldern. Ihre Frosttoleranz liegt zwischen -9°C bei jüngeren Pflanzen und -18°C bei ausgewachsenen Exemplaren.

Trithrinax campestris
Blaue Nadelpalme (Abbildung siehe Seite 12)

Bei Trithrinax campestris handelt es sich um eine kompakte, Ausläufer treibende, bis 8m hohe und stachelige Fächerpalme. Die Art besitzt extrem harte, blaugraue Fächer mit gefährlichen Stacheln an der Blattspitze. Die Blaue Nadelpalme kommt in sehr trockenen Dornwäldern in Argentinien und Uruguay vor. Wenn sich diese Palme am Standort etabliert hat, verträgt sie auch längere Trockenperioden ohne Probleme und ist wahrscheinlich die robusteste aller Palmen. In Kultur ist sie noch selten anzutreffen. Mit -12 bis -15°C besitzt sie unter den Trithrinax-Arten die höchste Frosttoleranz. Sie ist nur an gut regen- und frostgeschützten Stellen zur Freilandkultur geeignet.

Fiederpalmen

Als einzige unter den Fiederpalmen ist Jubaea chilensis zum Auspflanzen im Freien empfehlenswert.

Jubaea chilensis

Honigpalme (Abbildung siehe Seite 13)

Jubaea chilensis ist sicherlich das Prunkstück unter den in unseren gemäßigten Breiten auspflanzbaren Palmen. Der Traum eines jeden Palmenbegeisterten besteht darin, in seinem Garten eine Honigpalme erfolgreich wachsen zu sehen. Der gewaltige Einzelstamm der bis zu 25m hohen Fiederpalme ist in der Mitte verdickt und verjüngt sich mit zunehmendem Alter an der Spitze. Der Stammdurchmesser kann bis zu 1,5m betragen. Die weit ausladende Krone besteht aus zahlreichen, fast ungestielten, bis 5m langen, steifen und ledrigen Fiedern. Die Blütenstände tragen runde, bis 3,5cm Durchmesser große, gelbe Früchte. Die hartschaligen Samen sind essbar, ihr Geschmack ähnelt dem der Kokosnuss. Die Blütenbildung setzt bei dieser robusten Palme erst nach 30-60 Jahren ein. Jubaea stammt aus einem kleinen Gebiet an der Pazifikküste Mittelchiles und wächst dort in trockener Strauch- und Dornbuschvegetation. Die Honigpalme steht in Chile unter Naturschutz. Die Kultivierung dieser Palme bereitet bei älteren Pflanzen kaum Probleme. In West- und Südfrankreich erfreute sich diese Palme bereits Mitte des 19. Jahrhunderts einer großen Beliebtheit und wurde als "cocotier du chili" (*Chilenische Kokospalme*) bezeichnet. Seit einigen Jahren wird die Honigpalme dort wieder bevorzugt kultiviert. Größere Exemplare wachsen ebenfalls in Italien, Südengland und im Tessin. Jubaea chilensis kann mehrere hundert Jahre alt werden. Ihre Frosttoleranz liegt bei -15°C.

Bedingt auspflanzbare Arten

Eine Auspflanzung der weniger frostharten Arten sollte nur von langjährig erfahrenen Palmenkennern betrieben und eher als Herausforderung angesehen werden. Sie bedürfen während des Winters einer besonderen Aufmerksamkeit und einer intensiven Pflege. Ein unerfahrener Umgang oder eine Vernachlässigung des Winterschutzes führt bei diesen Arten sicher zu einem Misserfolg. Wegen der oftmals schwierigen und in unseren Breiten nur wenig betriebenen Kultivierung werden diese Palmen nur kurz vorgestellt. Ein erster Auspflanzungsversuch sollte auf keinen Fall mit einer dieser Arten erfolgen. Um erste Erfahrungen in der Auspflanzung zu sammeln, sollte man zum Einstieg in dieses faszinierende Hobby auf die robuste und relativ einfach zu kultivierende Trachycarpus fortunei zurückgreifen.

Zu den Fächerpalmen mit einer Frosttoleranz zwischen -8 bis -12°C gehören Brahea armata, Brahea decumbens und Sabal mexicana.

Brahea armata

Blaue Hesperidenpalme (Abbildung siehe Seite 13)

Brahea armata stammt aus den Trockengebieten Kaliforniens und Nordwest-Mexikos. Sie bildet silberblau bereifte, steife Fächer und einen dicken, grauen und glatten Stamm bis zu 15m Höhe. Die bis zu 5m langen Blütenstände tragen cremefarbene Blüten und ragen weit über die Blattkrone hinaus. In Kultur ist Brahea armata weit verbreitet und sogar an begünstigten Stellen auf den Britischen Inseln anzutreffen. Ihre Frosttoleranz liegt bei -10°C.

Brahea decumbens

Blaue Mexikanische Zwergpalme

Bei Brahea decumbens handelt es sich um eine stammlose Fächerpalme, die maximal 1m Höhe erreicht. Sie bildet stahlblaue Blätter und ist im östlichen Mexiko in Buschland, Kiefern- und Eichenwäldern bei Meereshöhen zwischen 1000m bis 2000m beheimatet. Es handelt sich um eine der seltensten Palmenarten. Frosttoleranz -10 bis -12°C.

Sabal mexicana

Texas-Palmetto (Abbildung siehe Seite 13)

Sabal mexicana bildet einen dicken, oft mit alten Blattbasen bedeckten, bis 15m hohen Stamm und große, blaugrüne Blätter. Ihr Verbreitungsgebiet reicht von den texanischen Trockengebieten bis nach Nicaragua. In Kultur ist diese anpassungsfähige und robuste Palme nur gelegentlich anzutreffen. Frosttoleranz -11/-12°C.

Mit -8 bis -12°C verfügt *Washingtonia filifera* ebenfalls über eine Frosttoleranz, die eine Auspflanzung in den mildesten Regionen Mitteleuropas als interessant erscheinen lässt. Diese Frostverträglichkeit ist jedoch nur bei einer sehr niedrigen Luftfeuchtigkeit gegeben, die im mitteleuropäischen Winter nicht erreicht wird. Wegen ihres schnellen Wachstums treten bereits nach wenigen Jahren bei der Errichtung des Winterschutzes enorme Probleme auf, so dass eine Auspflanzung dieser Art nur bedingt empfohlen werden kann. Washingtonia robusta hat sich trotz ihrer geringeren Frosttoleranz für mitteleuropäische Verhältnisse im Freiland als geeigneter erwiesen.

Zu den Fiederpalmen mit einer Frosttoleranz zwischen -8 bis -12°C gehören Butia capitata, Phoenix dactylifera und Phoenix theophrastii.
Bei der Kultivierung von Phoenix canariensis treten die gleichen Probleme wie bei Washingtonia filifera auf. Zudem liegt die Frosttoleranz der Kanarischen Dattelpalme nur bei Temperaturen zwischen -6 bis -10°C.

Butia capitata
Geleepalme

Bei Butia capitata handelt es sich um eine große, solitäre Fiederpalme mit robustem, grauem Stamm und eleganten, zurückgebogenen graugrünen Blättern. Die Blütenstände tragen große Mengen gelber Früchte, die im Geschmack an Ananas erinnern. Sie ist im südöstlichen Brasilien und in Uruguay weit verbreitet.

Mit -8 bis -13°C besitzt *Butia eriospatha (Abbildung siehe Seite 14)* sogar noch eine etwas größere Frosttoleranz. Der Unterschied zwischen diesen beiden Arten besteht lediglich in dem wolligen Hüllblatt des Blütenstandes von Butia eriospatha. Ein interessanter Aspekt bei der Kultivierung von Butia besteht darin, dass diese Gattung mit Syagrus und Jubaea Hybriden bilden kann. Bei x Butiagrus nabonnandii handelt es sich um eine seltene Hybride zwischen Butia capitata und *Syagrus romanzoffiana.* Durch die Kreuzung von Butia capitata und Jubaea chilensis entsteht eine frostverträgliche Hybride mit charakteristischen Merkmalen beider Arten. Solche Hybriden sind jedoch kaum erhältlich und nur äußerst selten zu bestaunen.

Phoenix dactylifera
Echte Dattelpalme (Abbildung siehe Seite 13)

Die echte Dattelpalme bildet eine lichte Blattkrone mit bläulichen, sehr harten und schmalen Fiedern. Im Gegensatz zu Phoenix canariensis bildet sie Ausläufer und hat ein etwas langsameres Wachstum. An einem guten Standort kommt Phoenix dactylifera auch in Mitteleuropa zur Blüte. Wegen der relativ kühlen Sommer kommen die Datteln allerdings nicht zur Fruchtreife.

Phoenix theophrastii
Kretische Dattelpalme

Bei der Kretischen Dattelpalme handelt es sich um die einzige europäische Vertreterin der Gattung Phoenix. In Aussehen und Wuchs ähnelt sie einer kleinen Phoenix dactylifera. Sie kommt auf Kreta vor und ist nur selten in Kultur anzutreffen. Es ist die robusteste Dattelpalmenart.

* * *

Mario Stähler

Klima in Mitteleuropa

Die in diesem Abschnitt aufgeführten Klimadaten wurden sorgfältig recherchiert. Sie sollen dem Leser einen generellen Überblick über die klimatischen Verhältnisse in Mitteleuropa verschaffen und eine erste, grobe Einschätzung des Klimas am eigenen Wohnort ermöglichen. Da das lokale Klima aber von sehr vielen unterschiedlichen Faktoren stark beeinflusst werden kann, bedarf es seitens des an der ganzjährigen Freiland-Palmenkultur Interessierten einer eigenen Klimabeobachtung und Klimaanalyse. Die Klimadaten in diesem Buch sind demzufolge nicht abschließend und keinesfalls verbindlich.

Bei der Auswahl der in Mitteleuropa zur Freilandkultur geeigneten Palmen spielen nicht nur die Frosttoleranz der jeweiligen Palmenart, sondern auch die herrschenden Klimaverhältnisse am Standort der Palme eine entscheidende Rolle.
Der Orientierungswert der Frosttoleranz (-12°C) richtet sich nach den zu erwartenden mittleren absoluten Minimumtemperaturen (die über viele Jahre gemittelten, tiefsten Minimalwerte eines jeden Jahres). Diese liegen im maritimen Klimabereich von Nordwest-, West- und Südwestdeutschland, in der Schweiz am Hochrhein, am Genfer See und im Bereich des Neuenburger Sees bei -11°C. Mit zunehmender Kontinentalität des Winterklimas sinken diese Werte in Ost- und Süddeutschland, der übrigen Schweiz und in Liechtenstein bis auf -14°C ab. In Österreich wird dieser Wert lediglich im Tal des Alpenrheins und am Bodensee erreicht. In Südostdeutschland und Österreich liegen diese Werte um -17°C, wodurch eine Freilandkultur von Palmen erheblich beeinträchtigt, jedoch nicht unmöglich wird.

In Zusammenhang mit den zu erwartenden absoluten Minimumtemperaturen stehen die Januarmittel (die über viele Jahre gemittelten, kombinierten Tages- und Nachttemperaturen eines jeden Tages im Januar, dem kältesten Monat in Mitteleuropa), die einen Aufschluss über die ungefähre Härte des Winters geben. Grundsätzlich sollten Palmen nur in Regionen mit einem Januarmittel über 0°C kultiviert werden. In diesen Gebieten bestehen für die Palmen die günstigsten Klimabedingungen, um einen normalen mitteleuropäischen Winter ohne Schaden zu überstehen.

In allen Regionen mit einem Januarmittel zwischen 0,0 bis -1,5°C ist eine Auspflanzung nur mit einem guten Winterschutz während der kältesten Tage und Wochen möglich. Bei Januarmitteln unter -1,5°C ist eine ganzjährige Freilandkultur von Palmen nur noch mit einem größeren Aufwand beim Winterschutz zu empfehlen.

Lufttemperatur

Die Sonne ist nahezu die einzige Energiequelle der Atmosphäre. Daher folgt die Lufttemperatur im Jahresablauf großräumig der jeweils herrschenden Einstrahlungsdauer sowie der Höhe des Sonnenstandes zur Mittagszeit. Die regionalen Unterschiede der Lufttemperatur werden vor allem durch folgende Klimafaktoren hervorgerufen:

• Höhenlage über dem Meeresspiegel. Im Jahresmittel nimmt die Lufttemperatur mit wachsender Höhe der Erdoberfläche in Deutschland, der Schweiz und Österreich um 0,4 bis 0,5°C pro 100m ab.

• Ozeannähe bzw. Ozeanferne. Aufgrund seiner geringen spezifischen Wärme erwärmt sich Festland bei gleicher Energieeinnahme etwa drei- bis viermal so schnell wie Wasser, es kühlt sich dementsprechend auch ebenso rasch wieder ab.

Januarmittel in Deutschland
Grundsätzlich lassen sich in Deutschland vier Teilräume mit eigener Klimaausprägung unterscheiden.

Norddeutsches Tiefland
Im Januar herrscht über Deutschland ein Nord-Süd-Gefälle der Lufttemperatur, das von einem West-Ost-Gefälle überlagert wird.
Die vergleichsweise wenig abgekühlte Nordsee, sowie häufige und intensive Tiefdrucktätigkeit mit Advektion von nicht selten relativ milden, maritimen Luftmassen führen dazu, dass die Januarmitteltemperaturen an der Nordseeküste, den Nordfriesischen Inseln und im Weser-Emsland zwischen +0,5 bis +1,0°C liegen. Dieses Januarmittel erreicht auf den Ostfriesischen Inseln Werte um +1,5°C und findet seinen Höhepunkt mit +2,2°C auf Helgoland.
In östlicher Richtung nehmen diese milden Januarmittel aufgrund der zunehmenden Kontinentalität des Winterklimas ab. An der Elbemündung, in Hamburg, an der Ostseeküste von Schleswig-Holstein und in der Aller-Leine-Niederung werden nur noch Januarmittel von 0,0 bis +0,5°C erreicht.
Diese Januarmittel gehen im Binnentiefland von Schleswig-Holstein, in der Lüneburger Heide, im Wendland, in der Altmark und der Magdeburger Börde auf Werte zwischen 0,0 bis -0,5°C zurück.
Im westlichen Küstentiefland von Mecklenburg-Vorpommern wird bis Warnemünde ein Januarmittel um 0,0°C registriert. Im östlichen Küstentiefland liegen diese Werte

zwischen 0,0 bis -0,5°C und erreichen im Gebiet der Mecklenburger Seenplatte und Prignitz nur noch -0,5 bis -1,0°C. Mit einem Januarmittel zwischen -1,0 bis -1,5°C sind die Uckermark, Pommern, Brandenburg und Berlin die kältesten Gebiete des Norddeutschen Tieflandes.

Deutsche Mittelgebirgsschwelle und Oberrheingraben

Ausschlaggebend für die klimatischen Verhältnisse im Bereich der Mittelgebirgsschwelle ist der Einfluss des Reliefs, das sich bereits in den Temperaturverhältnissen deutlich zu erkennen gibt. Insbesondere die Höhenlage wirkt sich nachhaltig auf die räumliche Verteilung der Lufttemperatur aus. Im Westen und Südwesten macht sich die häufig zyklonal bedingte Warmluftadvektion bemerkbar, wodurch Januarmittel bis zu +2,5°C registriert werden.

Besonders wintermilde Gebiete in West- und Südwestdeutschland mit einer mittleren Januartemperatur von über +1,5°C sind die Kölner Bucht, die Niederrheinische Tiefebene, die Jülicher Börde, das Mittelrheintal, die Oberrheinische Tiefebene, der Kaiserstuhl, das Moseltal, die Deutsche Weinstraße und die Deutsche Bergstraße.

Demnach wird z.B. in Aachen, Koblenz, Bernkastel-Kues und Ludwigshafen mit +1,8°C das gleiche Januarmittel erreicht, wie in Bellinzona und der Magadinoebene im Tessin. Köln erreicht mit +2,5°C das höchste Januarmittel in Deutschland und lässt sich durchaus mit Lugano (+2,6°C) am Luganer See vergleichen.

Weitere klimatisch günstige Lagen, mit einer mittleren Januartemperatur von +0,5 bis +1,5°C, sind das Münsterland, das untere Lahntal ab Limburg, das Rhein-Main-Gebiet, sowie das untere Nahetal ab Bad Kreuznach. Größtenteils wird mit +1,0°C das Januarmittel von Meran und Bozen erreicht oder überschritten (z.B. Münster +1,3°C).

Bei diesen Vergleichen muss allerdings beachtet werden, dass hauptsächlich die mittlere absolute Minimumtemperatur der limitierende Faktor für eine Freilandkultur von Palmen darstellt und diese Temperaturen im Tessin nur zwischen –5 bis –8°C liegen. Aus diesem Grund gedeihen im Tessin empfindlichere Palmenarten, die trotz eines ähnlichen Januarmittels in der Kölner Bucht wahrscheinlich nicht überleben würden.

Temperaturen zwischen 0,0 bis +0,5°C werden noch in der Wetterau, im Leinegraben, im mittleren Lahntal ab Gießen und in den Tälern des Saar-Nahe-Berglandes erreicht. In der Hessischen Senke bewegen sich die Januarmittel um 0,0°C.

Nach Osten nimmt das Klima kontinentalen Charakter an, wodurch in Thüringen und Sachsen nur noch Januarmittel zwischen -1,0 bis -2,0°C erreicht werden. Eine Ausnahme bildet das Elbetal zwischen Dresden und Meißen mit relativ milden Werten zwischen 0,0 bis -0,5°C.

Vereinzelt werden auch in der Sächsischen Tieflandbucht und im Thüringer Becken noch Januarmittel um -0,5°C registriert. Im Harz, im Thüringer Wald, im Elbsandsteingebirge und im Lausitzer Gebirge sinken die Werte oberhalb von 500m

auf unter -2,0°C, oberhalb von 900m auf unter -4,0°C.
Im Bereich des Rheinischen Schiefergebirges, des Hessischen Berglandes und des Weserberglandes liegen die Januarmittel außerhalb der wintermilden Gebiete oberhalb von 300m unter 0,0°C, wobei die Werte oberhalb von 500m auf unter -1,0 bis -1,5°C zurückgehen. Oberhalb von 800m werden nur noch Januarmittel zwischen -2,5 bis -3,5°C erreicht.

Süddeutsches Stufenland und östliche Randgebirge
Nach Süden und Osten nehmen die Januartemperaturen rasch ab. Die Wirksamkeit atlantischer Luftmassen lässt nach, dafür setzt sich der Einfluss kalter Kontinentalluft des öfteren durch. Temperatursenkend wirkt auch die der Höhenlage entsprechende, häufig geschlossene Schneedecke.
Relativ milde Gebiete mit Januarmitteln von 0,0 bis +0,5°C, sind das Neckartal (südlich bis Stuttgart), der Kraichgau und das Maintal zwischen Hanau und Wertheim. Im Kraichgau sinken die Januarmittel in der Regel oberhalb von 250m unter 0,0°C.
In den Tallagen des Süddeutschen Stufenlandes erreichen die mittleren Januartemperaturen nur noch Werte von -0,5 bis -1,5°C. Auf der Schwäbischen Alb gehen die Januarmittel auf -1,5 bis -2,5°C zurück.
Auf der Fränkischen Alb werden nur noch -2,0 bis -2,5°C erreicht. Eine Ausnahme bildet in diesem Bereich die Rednitzsenke mit Werten zwischen -1,0 bis -1,5°C.
In den Tälern des Oberpfälzer- und Bayrischen Waldes werden Januarmittel von -2,0 bis -3,0°C registriert. Oberhalb von 800m sinkt die Temperatur auf unter -4°C ab.

Alpenvorland und deutsche Alpen
Die Januarmittel erweisen sich trotz der bedeutenden Ausdehnung des Alpenvorlandes und trotz des südwärts erfolgenden Anstiegs seiner Oberfläche als auffallend einheitlich. Die Donauniederung ist vergleichsweise kalt. Wegen ihrer orographischen Absperrung gegen Norden durch die Schwäbische Alb und den Bayrischen Wald ist die Donauniederung ein Kaltluftsammelgebiet, wobei wegen des Laufgefälles die östlichen Niederungsbereiche vor dem Bayrischen Wald mit Januartemperaturen von -2,5 bis -3,0°C thermisch noch ungünstiger gestellt sind als der westliche Laufabschnitt vor der Schwäbischen Alb mit Werten um -1,5°C.
In den südlicheren Regionen und in den Alpentälern werden -1,5 bis -2,5°C erreicht. Eine Ausnahme bildet das Bodenseebecken. Mit einem Januarmittel von +0,5 bis -0,5°C wird die abkühlungsdämpfende Wirkung der großen Wassermasse deutlich.

Januarmittel in der Schweiz und in Liechtenstein

Die Schweiz und Liechtenstein liegen klimatisch ebenfalls in einem Übergangsgebiet. Im außeralpinen Bereich der Nordschweiz vollzieht sich der langsame Übergang vom

abgeschwächten atlantisch-ozeanischen Klima im Westen zu einem mehr kontinentalen Klima im Osten. Die Alpen erweisen sich als bedeutende Klimascheide, wodurch sich im Kanton Tessin starke Einflüsse des Mittelmeerklimas bemerkbar machen.
In den windgeschützten Längs- und Quertälern der Schweiz treten zahlreiche lokalklimatische Besonderheiten auf. Darüber hinaus wird das Klima durch größere Seen, den Föhn und die winterliche Temperaturumkehr stark beeinflusst. Die winterliche Temperaturumkehr entsteht dann, wenn höher liegende Gebiete über eine niedriger liegende Wolkendecke hinausragen und von der Sonne beschienen werden, während sich bei ruhiger Wetterlage die kalte Luft in den Talbecken sammelt und die sogenannten Kaltluftseen bildet.
Die Januarmitteltemperaturen in der Schweiz liegen größtenteils unter 0,0°C. Abgesehen von den Gebieten südlich des Alpenhauptkammes werden lediglich am westlichen Abschnitt des Hochrheins in der Region um Basel und am Genfer See Januarmittel über +1,0°C registriert. In diesen besonders begünstigten Gebieten liegen die Januarmittel z.B. bei +1,2°C in Basel und +2,0°C in Genf.
In östlicher Richtung sinken diese milden Januarmitteltemperaturen am Hochrhein auf 0,0 bis -0,5°C ab. Am Bodensee herrscht im Winter mit einem Januarmittel zwischen +0,5 bis -0,5°C ein gemäßigtes Seenklima vor. Am Alpenrhein werden nur noch Werte zwischen -0,5 bis -1,5°C erreicht.
In Liechtenstein bewegen sich die Januarmittel im Bereich des Alpenrheins zwischen -1,0 bis -1,5°C.
Im Tal der Aare und den angrenzenden Seitentälern, sowie am Zürichsee, am Vierwaldstätter See und am Thuner See werden Januarmittel von -0,5 bis -1,5°C erreicht. Der nach Osten abnehmende maritime Einfluss verdeutlicht sich durch die Abnahme der Januarmittel. In Bern liegen die Werte noch bei -1,0°C und erreichen in Zürich nur noch -1,4°C. Mit einem Januarmittel zwischen +0,5 bis -0,5°C herrscht am Neuenburger See ein relativ mildes Winterklima.
Im unteren Rhonetal liegen die Januarmittel im unmittelbaren Einflussbereich des Genfer Sees zwischen +0,5 bis +1,0°C. Im weiteren Verlauf sinken diese Temperaturen auf -1,0 bis -1,5°C im Bereich von Sion und Sierre ab.

Januarmittel in Österreich

Grundsätzlich hat Österreich ein relativ feuchtes, kühlgemäßigtes Klima alpiner Prägung. In Richtung des nördlichen und östlichen Alpenvorlandes nimmt das Klima zunehmend kontinentale Züge an.
Das lokale Winterklima einer Region wird ebenfalls durch die Sonneneinstrahlung, die Temperaturumkehr, und den Föhn stark beeinflusst.
Am Alpennordrand bringen die vorherrschend westlichen und nordwestlichen Winde feuchte, atlantische Luftmassen an. Am Bodensee werden mit Werten zwischen +0,5

bis -0,5°C die mildesten Januarmittel in Österreich registriert. Im weiteren Verlauf sinken diese Werte im Tal des Alpenrheins bis auf -1,5°C und im unteren Illtal bis auf -2,0°C ab. Im Salzburger Land werden im Bereich des Alpennordrandes nur noch Januarmittel zwischen -2,0 bis -2,5°C erreicht.
In den Tälern der inneren Alpen liegen die Januarmitteltemperaturen grundsätzlich unter -3,5 bis -4,0°C. Eine Ausnahme bildet das Inntal. Dort werden mit einem Januarmittel zwischen -2,5 bis -3,5°C etwas mildere Temperaturen verzeichnet.
Während im Bereich des nördlichen Alpenvorlandes noch ein stark abgeschwächtes mitteleuropäisches Winterklima herrscht, zeigen sich im östlichen Alpenvorland, insbesondere im Burgenland, starke Einflüsse eines kontinentaleren Steppenklimas mit relativ trockenen, kalten Wintern.
Im Inn-, Mühl-, Wald- und Weinviertel liegen die Januarmitteltemperaturen generell unter -2,0°C. Im Donau- und Trauntal werden mit Januarmitteln zwischen -1,5 bis -2,0°C mildere Werte erreicht. In Wien liegt die mittlere Januartemperatur z.B. bei Werten um -1,6°C. Im Wiener Becken und am Neusiedler See werden mit Werten zwischen -1,0 bis -1,5°C die mildesten Januarmittel in diesem Bereich registriert. Im äußersten Osten des Burgenlandes werden vereinzelt noch Januarmittel zwischen –1,5 bis -2,0°C verzeichnet.
In den Niederungen der Steiermark und des westlichen Burgenlandes liegen die Januarmitteltemperaturen wieder deutlich unter -2,0°C. In Graz werden z.B. nur noch Werte um -3,5°C erreicht. In Kärnten liegen die Januarmittel selbst im Tal der Draun unter -4,5 bis -5,0°C. Selbst in Klagenfurt wird nur noch ein Januarmittel von -5,2°C verzeichnet.

Luftstömungen von Dezember bis Februar

Mit durchschnittlich 33 Tagen treten in diesem Zeitraum Luftströmungen aus Südwest, West auf. Sie bringen milde Temperaturen zwischen +5,0 bis +12,0°C und einen schnellen Wechsel zwischen schlechtem Wetter und Phasen mit Wetterberuhigung mit sich. Sehr milde Atlantikluft kann in Südwestdeutschland durchaus auch zu Temperaturen von +15,0°C führen.
Mit durchschnittlich 20 Tagen treten Luftströmungen aus Nordwest, Nord auf und bringen mit 0,0 bis +5,0°C nasskaltes Wetter mit sich.
Luftströmungen aus Südost, Süd treten an durchschnittlich 26 Tagen auf. Diese Hochdruckwetterlage lässt die Tageshöchsttemperaturen im Dezember auf -3,0 bis +3,0°C steigen. Im Januar liegen diese Temperaturen bei -5,0 bis 0,0°C, um Ende Februar auf +1,0 bis +8,0°C anzusteigen. Nachts kann die Temperatur über Schnee auf unter -10°C sinken.

Mit 11 Tagen führen Nordost-, Ostluftströmungen vor allem in Südost- und Ostdeutschland, aber auch in Österreich zu Dauerfrost zwischen -10,0 bis -3,0°C. In klaren Nächten kann die Temperatur über Schnee deutlich unter -15°C fallen.

Frosttage

An einem Frosttag sinkt das nächtliche Temperaturminimum unter 0,0°C (d.h. ein Tag, an dem Frost auftritt). Entsprechend der Zunahme von Meeresentfernung und Höhenlage steigt die Zahl der Frosttage allgemein von Nord nach Süd und von West nach Ost an. Doch erfolgt dieser Anstieg wegen einer Reihe von lokalen Einflüssen nicht gleichförmig.

In Deutschland weisen mit 50-60 Tagen die Ostfriesischen Inseln und Helgoland die niedrigste jährliche Anzahl an Frosttagen auf.
60-70 Frosttage im Jahr treten an der Nordseeküste, den Nordfriesischen Inseln, der Niederrheinischen Tiefebene, dem Münsterland, der Kölner Bucht, der Jülicher Börde, dem Kaiserstuhl, dem Moseltal, der Deutschen Weinstraße und der Deutschen Bergstraße auf.
70-80 Frosttage werden im Weser-Emsland, an der Ostseeküste von Schleswig-Holstein, am Mittelrhein, in der Oberrheinischen Tiefebene, im Lahn- und Neckartal, im Rhein-Main-Gebiet und in den Tälern des Saar-Nahe-Berglandes registriert. Gleiches gilt für den westlichen Abschnitt der Ostseeküste von Mecklenburg-Vorpommern, für Rügen und das Bodenseegebiet.
80-90 Frosttage treten im übrigen Mecklenburg-Vorpommern, in Sachsen-Anhalt, im Kraichgau, im mittleren Maintal, im östlichen Niedersachsen, sowie vereinzelt in der Sächsischen Tieflandsbucht und im Elbetal zwischen Dresden und Meißen auf.
90-100 Tage mit Frost werden in Brandenburg, in Berlin, im Thüringer Becken, und in Sachsen gezählt.
100-120 Frosttage treten auf der Schwäbischen- und Fränkischen Alb auf.
120-140 Tage werden in der Regel in Ostbayern, den inneralpinen Tälern und den Hochflächen der deutschen Mittelgebirge oberhalb von 600m registriert.
140-180 Frosttage im Jahr treten auf den Gipfelpartien der deutschen Mittelgebirge und in den Alpen auf.

In der Schweiz treten, mit Ausnahme des Tessin, nur am Genfer See relativ wenig Frosttage auf. In der Regel werden dort zwischen 60-70 Tage gezählt. Am Hochrhein und am Neuenburger See werden noch 70-80 Frosttage registriert. Zwischen 80-100 Frosttage treten im Tal der Aare und den angrenzenden Seitentälern, am Alpenrhein, am Vierwaldstätter See, am Zürichsee und in Liechtenstein auf. In allen anderen Gebieten werden generell über 100 Frosttage verzeichnet.

In Österreich werden im Wiener Becken und am Neusiedler See 90-100 Frosttage registriert. Im Donautal erhöht sich die Anzahl der Frosttage auf 100-120 Tage. In allen kälteren Regionen Österreichs liegt die Anzahl der Frosttage bei über 120 Tagen.

Eistage

Die Zahl der Eistage (Tageshöchsttemperatur unter 0°C) ist in Mitteleuropa außerhalb der Gebirge im Osten Bayerns und im österreichischen Alpenvorland mit über 40 Eistagen am größten. Auffallend selten kommen sie im Westen und Südwesten Deutschlands und der Schweiz vor, insbesondere im Vergleich mit den Küsten. In den besonders wintermilden Gebieten Mitteleuropas treten im Mittel nur 5-10 Eistage im Jahr auf, wobei die Temperaturen nur wenig unter 0°C fallen. Lediglich während sehr kalter Winter werden bis zu 15 Eistagen verzeichnet. An der Nordseeküste werden 15-20 und an der Ostseeküste 20-25 Eistage registriert. Dies ist die Folge der bei solch tiefen Temperaturen häufig unterschiedlichen synoptischen Situationen. Eistage treten bei Ostlagen auf, wenn die Advektion atlantischer Luftmassen über Mitteleuropa blockiert wird. Die sibirische Kaltluft kann nahezu ungehindert nach Nord- und Ostdeutschland, sowie nach Österreich einströmen. Der Westen und Südwesten liegen dann nicht nur im Randbereich des steuernden Skandinavien-Hochs, sondern werden mitunter noch von der im Westen lagernden milderen Atlantikluft beeinflusst. Somit kann dort die Tageshöchsttemperatur gelegentlich - zumindest kurzfristig - 0°C überschreiten. Längere Dauerfrostperioden sind demnach in diesen Gebieten eher selten. In Ostdeutschland, im Schweizer Jura und Mittelland, sowie in Liechtenstein werden 25-35 Eistage und im Süddeutschen Stufenland gar bis zu 40 Eistage registriert.

Strenger Frost

Auch Tage mit strengem Frost (unter -10°C) treten aus den genannten Gründen im Westen und Südwesten Deutschlands und der Schweiz relativ selten auf. An der Nordseeküste werden bis zu 2 und an der Ostseeküste bis zu 6 Tage mit strengem Frost registriert. In den besonders wintermilden Gebieten West- und Südwestdeutschlands sowie der Schweiz treten in der Regel 0-4 Tage mit strengem Frost auf. In diesen Gebieten erreichen dann die maximalen Minustemperaturen Werte zwischen -10 bis -12°C. Nur während sehr kalter Winter werden auch Temperaturen unter -12°C erreicht. Demgegenüber ist strenger Frost in Süd- und Ostdeutschland sowie in großen Teilen Österreichs und der Schweiz mit bis zu 20 Tagen eine relativ häufige Erscheinung. In diesen Gebieten werden fast in jedem Winter Temperaturen unter -18°C registriert. Die absoluten Tiefsttemperaturen liegen in den wintermilden Gebieten Deutschlands und der Schweiz zwischen -15°C und -20°C. In Süd- und Ostdeutschland, aber auch in Österreich werden hingegen Werte von -25 bis -35°C erreicht.

Julimittel

Im Juli überwiegt ein von Süd nach Nord gerichtetes Temperaturgefälle. Weite Teile des deutschen Alpenvorlandes sind mit 17 bis 18 °C wärmer als Schleswig - Holstein und die küstennahen Bereiche von Niedersachen und Mecklenburg -Vorpommern mit Julimittel zwischen 16 bis 17°C. Dies gilt insbesondere für die Tageshöchsttemperaturen. Häufiger Hochdruckeinfluss, höherer Sonnenstand und größere Meeresferne bestimmen die Juli-Temperatur. Allgemein liegt die mittlere Julitemperatur in Norddeutschland bei 15,5 bis 17,5°C und erreicht in Süd- und Ostdeutschland 17,5 bis 19°C. Die höchsten Julitemperaturen treten in der Oberrheinischen Tiefebene und im Moseltal mit verbreitet 19 bis 20°C auf.
In der Schweiz liegen die Julimittel nur am Hochrhein, im Rhonetal, am Genfer See, am Neuenburger See und am Vierwaldstätter See über 18,0°C. Sonst werden nur Werte zwischen 16,0 bis 18,0°C erreicht. In Österreich macht sich vor allem im Osten der kontinentale Klimaeinfluss bemerkbar. Die Julimittel liegen im Donautal, im Weinviertel, im Wiener Becken, im Burgenland, in der Oststeiermark und in Südkärnten deutlich über 18,5°C. Im Wiener Becken und am Neusiedler See werden verbreitet sogar Werte über 20°C verzeichnet.

Luftströmungen von Juni bis August

Mit durchschnittlich 6 Tagen treten in diesem Zeitraum Luftströmungen aus Südwest, Süd, Südost auf. Sie bringen teils sonniges, teils wolkiges und gewittriges Wetter mit Temperaturen zwischen 26 bis 34°C mit sich.
An 33 Tagen treten Tiefdruckwetterlagen aus West mit wechselhaftem Wetter auf. Die Temperaturen wechseln zwischen 20 bis 27°C und kühler Meeresluft zwischen 16 bis 24°C.

An 28 Tagen herrschen Luftströmungen aus Nordwest, Nord vor. Sie führen zu wechselhaftem und kühlem Wetter mit Temperaturen zwischen 12 bis 22°C.
An durchschnittlich 25 Tagen treten Hochdruckwetterlagen aus Nordost, Ost und Temperaturen zwischen 25 bis 30°C auf.

Sommertage

Sommertage (Tageshöchsttemperatur mindestens 25°C) werden in Norddeutschland nicht häufig registriert. Dies gilt insbesondere für die Nordseeküste von Schleswig-Holstein mit durchschnittlich 5 Sommertagen. Hier herrschen auch bei sommerlichem Hochdruckwetter in der Regel auflandige Winde, die ein stärkeres Ansteigen der Lufttemperatur meist verhindern. Für die Ostseeküste trifft dies mit 20 Sommertagen nur in etwas abgeschwächter Form zu. Auch in Niedersachsen kommt es mit 15 bis 25 Sommertagen nur selten zu hohen Temperaturen. Mehr als 30 Sommertage werden großräumig nur südlich der deutschen Mittelgebirgsschwelle, sowie in Ostdeutschland, der Schweiz und in Österreich registriert. Mehr als 40 bis 50 Sommertage kommen schließlich in der Oberrheinischen Tiefebene, in den Tälern der deutschen Mittelgebirge und vereinzelt im Elbe- und Oderbecken, aber auch in Ostösterreich vor.

Heisse Tage

Heiße Tage (Tageshöchsttemperatur mindestens 30°C) sind in Norddeutschland allgemein ein seltenes Ereignis. Hinzuweisen ist wiederum auf die mit 12 bis 16 Tagen thermische Begünstigung der Oberrheinischen Tiefebene und des Moseltals, aber auch auf das beachtlich häufige Vorkommen heißer Tage in den Tälern Süd- und Südwestdeutschlands, der Schweiz und Österreichs mit 8 bis 12 Tagen. In Ostdeutschland und im bayerischen Alpenvorland werden 4 bis 8 Tage erreicht. An der Nordseeküste werden diese Temperaturen nur sehr selten, an der Ostseeküste immerhin noch an durchschnittlich 2 Tagen im Jahr erreicht.
Lufttemperaturen über 35°C zählen zu den Ausnahmen. Sie sind in der Regel auf die südlichen und östlichen Regionen Mitteleuropas beschränkt. Extrem hohe Lufttemperaturen bleiben normalerweise nur 1 bis 2 Tage wetterbestimmend. Lediglich in den sommerwarmen Regionen von Südwestdeutschland und Ostösterreich können diese Temperaturen auch über einen längeren Zeitraum anhalten und dabei auf über 40°C ansteigen (z.B. 1998 in Brauneberg-Juffer im Moseltal mit 41,2°C).

Die Karte Mitteleuropas zeigt die Gebiete und Regionen (markierte Fläche), in denen eine Freilandkultur von Palmen aufgrund des milden Winterklimas besonders erfolgversprechend erscheint. Hier liegen die Januarmittel über 0,0°C und die mittlere absolute Minimumtemperatur bei –11°C.

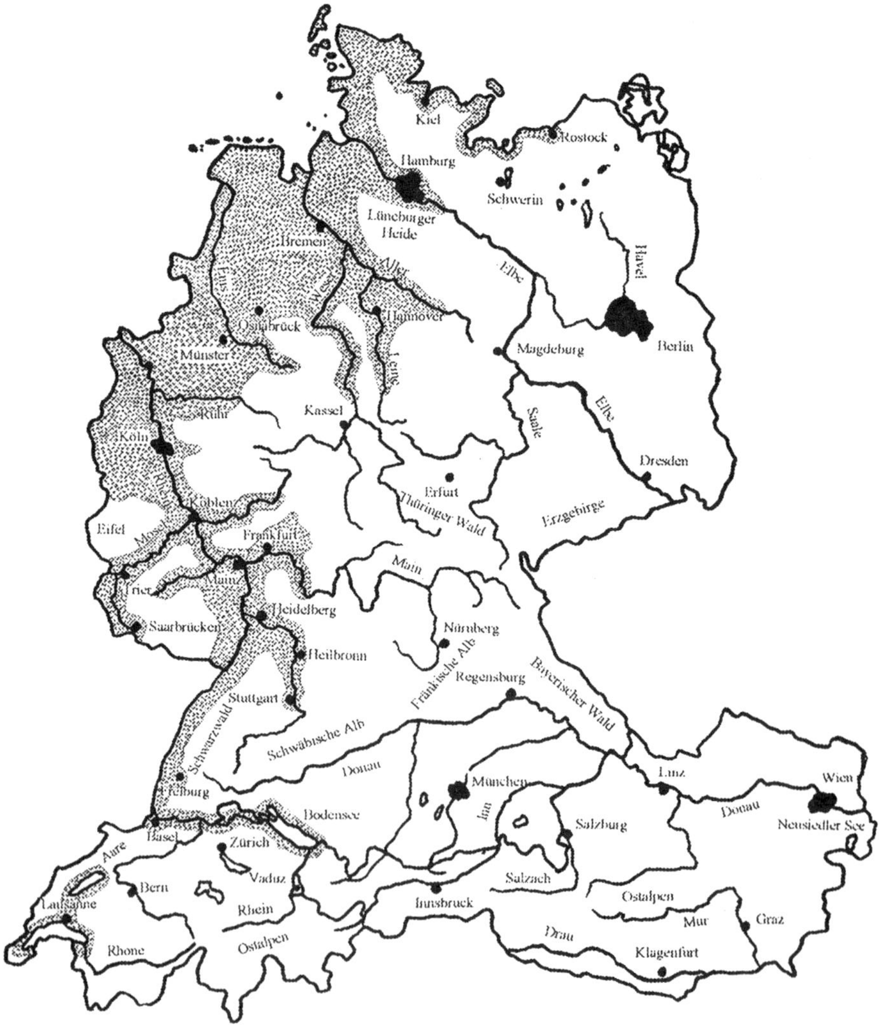

Standort

Bevor eine Palme an ihren endgültigen Standort ausgepflanzt wird, sollte auf ihre Kulturbedingungen, d.h. auf ihre Ansprüche den Standort betreffend, geachtet werden. Hierzu empfiehlt es sich, unabhängig von den regionalen Klimabedingungen, das Kleinklima des eigenen Gartens über mehrere Wochen zu beobachten.
Das Kleinklima des Gartens wird durch die Faktoren Sonneneinstrahlung, Windanfälligkeit, Bepflanzung, Bebauung, Regen, Nebelbildung und Lage unterschiedlich beeinflußt.

Sonneneinstrahlung

Die für die Erhaltung des Lebens auf der Erde benötigte Energie wird der Erde durch die Sonnenstrahlung zugeführt. Feste Gegenstände erwärmen sich entsprechend ihrem Grundmaterial mehr oder weniger intensiv. Ziegelsteinwände eines Hauses, dunkle Gehwegbepflasterungen, Straßenbeläge und dunkle Böden sind überaus aufnahmefähig für Wärme. Da die meiste Energie den der Energiequelle am nächsten liegenden Molekülen zugeführt wird, wird die bodennahe Luftschicht stark erwärmt. Durch einen Standort in der unmittelbaren Nähe solcher Gegebenheiten wird die Vegetationsperiode einer Palme erheblich verlängert.
An sonnigen Tagen können Gegenstände nur Wärme aufnehmen, wenn sie gleichzeitig Wärme an Dinge, die weniger aufnahmefähig sind, abgeben. Durch die starke Einstrahlung der Sonne sind nach Süden gerichtete Standorte im Sommer überaus wärmebegünstigt. Hierdurch wirkt sich eine Auspflanzung an der Süd-, Südost- oder Südwestseite eines Gebäudes bzw. einer Mauer vor allem bei wärmeliebenden Palmen besonders wachstumsfördernd aus.

Die optimalen Wachstumstemperaturen für alle *Brahea*, *Sabal*, *Phoenix*, *Rhapidophyllum hystrix*, *Serenoa repens*, *Nannorrhops ritchiana*, *Trithrinax campestris* und *Chamerops humilis* liegen bei 22 bis 26°C und darüber. Lediglich alle *Trachycarpus*, *Butia capitata* und *Jubaea chilensis* geben sich auch mit milderen Temperaturen zwischen 16 bis 20°C zufrieden.
Bei einer Auspflanzung abseits der wärmebegünstigten Standorte werden nur diese Arten ohne Unterstützung ein zufriedenstellendes Wachstum zeigen. Für alle wärmeliebenden Palmen sind die Sommertemperaturen zu gering, um ein ausreichendes Wachstum zu gewährleisten.

Mario Stähler

Kälteschutzgestell

Das Fehlen der Sommerwärme an ungünstigen, schattigen Standorten kann durch die Errichtung eines Kälteschutzgestells nach der Auspflanzung ausgeglichen werden. Dieses Gestell aus Folie sollte für etwa 2-3 Jahre bis zum Anwachsen der Palme stehen bleiben. Danach wird die Palme - eine ordentliche Größe vorausgesetzt - in der Regel trotz niedrigerer Wärmemengen das gleiche Wachstum beibehalten. Durch dieses Kälteschutzgestell wird an sonnigen Tagen eine Temperaturerhöhung von 10-20°C und dadurch eine enorme Beschleunigung der Fotosynthese bzw. des Wachstums erreicht. Ohne dieses Gestell benötigen alle wärmeliebenden Palmen mitunter 10-20 Jahre, um eine ordentliche Größe zu erreichen. Das Kälteschutzgestell lässt sich sehr leicht aus Luftpolsterfolie und 4 Holzlatten oder Stangen bauen. Die Luftpolsterfolie wird dabei seitlich um die Latten gewickelt und windsicher befestigt. Eine obere Öffnung an dieser Konstruktion bleibt, um eine Überhitzung und eingeschränkte Luftzirkulation zu vermeiden, unverschlossen.

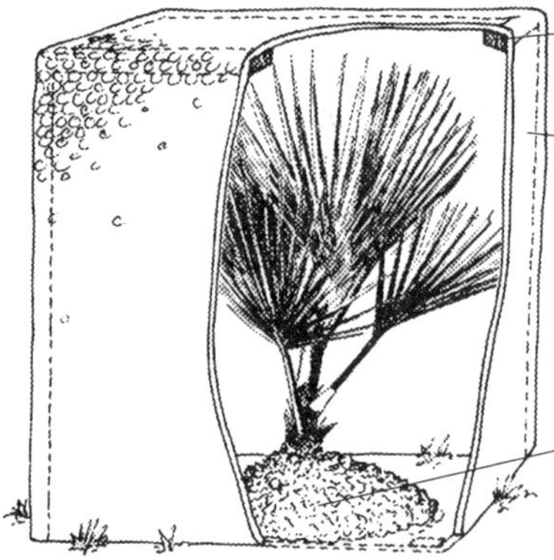

Abb 4: Kälteschutzgestell

Brahea armata, *Brahea decumbens*, *Nannorrhops ritchiana*, *Phoenix dactylifera*, *Phoenix theophrastii* und *Trithrinax campestris* bevorzugen einen vollsonnigen, warmen bis heißen Standort.
Serenoa repens, *Sabal palmetto*, *Sabal x texensis* und *Sabal uresana* wachsen gerne an sonnigen, warmen Plätzen. *Sabal etonia* und *Sabal minor* gedeihen auch noch im warmen Halbschatten erfolgreich.
Butia capitata und *Jubaea chilensis* benötigen bereits im Jugendstadium einen vollsonnigen, aber milden Standort. *Chamaerops humilis*, *Rhapidophyllum hystrix* und alle *Trachycarpus* können an sonnigen bis halbschattigen Plätzen ausgepflanzt werden. Wenn die Sonne untergeht, verliert der Garten seine Hauptwärmequelle. An ihre

Stelle tritt die Abstrahlung der zuvor gespeicherten Wärme. In bewölkten Nächten wird die von der Erde abgestrahlte Wärme teilweise von den Wolken absorbiert und teilweise wieder reflektiert, so dass die Temperatur dann nur unwesentlich um wenige Grade abnimmt. In wolkenlosen Nächten dagegen wird die von der Erde gespeicherte Wärme fast vollständig abgestrahlt und geht verloren, wodurch die Temperatur rapide abnimmt.
Im Winter verringert sich aufgrund des tieferen Sonnenstandes die gespeicherte Wärmeenergie. In winterlichen Nächten kann die Temperatur somit bei wolkenlosem Himmel unter -10°C sinken und durchaus Grenzwerte der Frostverträglichkeit einzelner Palmenarten erreichen. Eine geschlossene Schneedecke verstärkt den Auskühlungseffekt und führt zu kritischen Lufttemperaturen weit unter -15°C.
Hauswände mit ihrer Abstrahlungsenergie und immergrüne Pflanzen verhindern im Winter, dass die Rückstrahlungswärme bei wolkenlosem Himmel völlig verloren geht. Zu bedenken ist ebenfalls, dass warme Luft über Wegen und einem offenen, unbewachsenen Boden schneller in die Atmosphäre steigt, als über einer Rasenfläche.

Windanfälligkeit, Bepflanzung und Bebauung

Wenn man zu der austrocknenden und der abkühlenden Wirkung noch die Zerstörung hinzurechnet, die der Wind anrichtet, kann man sagen, dass ein wirkungsvoller Windschutz die erste Voraussetzung für ein günstiges Kleinklima ist. Auf Wind reagieren Palmen mit einer Erhöhung der Transpirationsrate (Wasserverdunstung).
Bei einer ausreichenden Wasserversorgung über das Wurzelsystem bedingt diese Reaktion eine Verbesserung des pflanzlichen Stoffwechsels, da durch eine leichte Luftbewegung ebenfalls vermehrt Kohlendioxid aus der Bodenluft herangeführt wird. Unter trockenen Klimabedingungen führt eine Erhöhung der Wasserverdunstung durch Windeinwirkung zu einem gegenteiligen Ergebnis. Um die Transpiration zu verringern werden die Spaltöffnungen der Blätter geschlossen, wodurch aber gleichzeitig auch die Kohlendioxidassimilation gestoppt wird.

Wenn der Wind auf eine Reihe von Häusern mit schmalen Durchgängen trifft, wird er am Ende der Reihe nur mit großer Wucht austreten können (Windkanaleffekt) und zu starken Verwirbelungen führen. Versperrt eine Mauer seinen Weg, fegt er entweder um die Mauerecken oder über den Mauerrand hinweg, wodurch an diesen Stellen natürlich besonders heftige Windbewegungen entstehen. Solche heftigen

Windwirbel können das Blattwerk einer Palme knicken und führen zu einer rapiden Senkung der Lufttemperatur. Starker Wind führt an ungünstigen Standorten zu einer erheblichen Beeinträchtigung des Wachstums der Palme.
Günstig wirkt sich eine Auspflanzung in der Nähe einer immergrünen Bepflanzung aus, da diese sehr gut als natürlicher Wind- und Sonnenschutz im Winter eingesetzt werden kann. Die stärkste Windabschwächung wird unmittelbar hinter der Bepflanzung erreicht. Ein Winterschutz aus immergrünen Gehölzen lässt genug Wind hindurch, um eine Entstehung von Windwirbeln zu verhindern und mindert dennoch nachhaltig die Kraft des Windes.
Bei der Freilandkultur von Palmen ist unbedingt ein gegen Nord- und Ostwind geschützter Standort zu wählen, da diese Winde die Temperatur im Winter erheblich senken können und die Palmen an die Grenze ihrer Frostverträglichkeit bringen. Sollte ein natürlicher Windschutz aus Bäumen etc. oder eine Bebauung in diesem Bereich fehlen, könnte die Errichtung eines künstlichen Windschutzes in Form eines leicht winddurchlässigen Zaunes am nördlichen oder östlichen Gartenrand helfen.

Regen, Nebelbildung

Während der Wintermonate gelangen Tiefdruckgebiete mit feuchten Luftströmungen überwiegend aus den Richtungen Nord, Nordwest, West und Südwest nach Mitteleuropa. Bei den kalten Nordost-, Ost-, Südost- und Südwetterlagen handelt es sich dagegen um Hochdruckgebiete mit trockenen Luftströmungen. Gegen eine übermäßige Feuchtigkeit in den Wintermonaten lässt sich zum Schutz der Palmen nur ein künstlicher Regen- und Nebelschutz errichten. Günstig wirkt sich auch die Auspflanzung unter einem Dachvorsprung oder einer Terrassenüberdachung aus.

Kleinere, tuffbildende Palmen können auch unter den natürlichen Regenschutz größerer, immergrüner Nadel- oder Laubbäume gepflanzt werden. Gärten in einer Flusssenke, einer Tallage oder an einem See sind häufig von Nebel betroffen und verfügen hierdurch oftmals über einen natürlichen Frostschutz. Eine geringfügige Abkühlung bringt die feuchten Luftmassen auf den Taupunkt und die daraus resultierenden Nebelschwaden verhindern den weiteren Wärmeverlust durch Abstrahlung und somit noch stärkeren Temperaturabfall. Am Tag verhindern Nebelgebiete allerdings ein kräftiges Ansteigen der Temperatur.

Der Garten sollte möglichst nicht vollständig durch eine hohe, dichte Bepflanzung oder Bebauung nach allen Richtungen gegen Wind, Regen und Sonne abgeschirmt sein. Im Winter bilden sich in diesen Gärten durch die stehende Luft verstärkt

Kaltluftseen, die sich sehr ungünstig auf das Kleinklima auswirken. Solche Gärten sind sehr feucht und entwickeln im Sommer bei stehender Luft ein schwülwarmes Klima.

Lage

Bei Nacht wird die gespeicherte und abgegebene Wärmestrahlung des Bodens nicht mehr durch die Sonnenstrahlung ergänzt. Die Ausstrahlung verringert sich im Verlauf der Nacht, wodurch die zu Boden sinkende Kaltluft nicht mehr erwärmt wird und als Kaltluftschicht liegen bleibt.
Naturgemäß folgt bei Hanggrundstücken die kalte, bodennahe Luft der Erdanziehung und sammelt sich in Vertiefungen wie Tälern, Senken und Mulden. Hierdurch entsteht ein kühler Fallwind, der die Temperatur in bodennahen Luftschichten weiter senkt. Zwischen den höher gelegenen, wärmeren Hangzonen und den Kaltluftseen am unteren Hang können Temperaturunterschiede von 5 bis 10°C und mehr auftreten. Die einzige Möglichkeit, um ein günstigeres Kleinklima im Garten zu bewirken, besteht darin, die kalte Luft möglichst ungehindert abfließen zu lassen und nicht durch Mauern oder sonstige Bebauung zu behindern.

Wenn der Garten nun am Rande einer Senke liegt und zu dieser leicht abfällt, sollte die Gartenbepflanzung im bodennahen Bereich möglichst durchlässig sein.
Man sollte bei der Auspflanzung an Hanglagen diese Kaltluftfallen umgehen und Palmen nicht im Staubereich kalter Luftmassen anpflanzen. Demnach muss man unbedingt darauf achten, eine Palme nicht am tiefsten Punkt des Gartens auszupflanzen wenn kein Abfluss für die Kaltluft existiert.

Im Bereich der Deutschen Mittelgebirgsschwelle muss in Gebieten mit flachem Boden und felsigem Untergrund berücksichtigt werden, dass sich durch den mangelnden Bodenraum im unteren Stammbereich der Palme, aber oberhalb der Erdoberfläche, neue Wurzeln entwickeln und den Eindruck vermitteln, die gesamte Stammbasis habe sich angehoben. Da diese neuen Wurzeln nicht vom Boden geschützt werden und Wurzeln ohnehin die niedrigste Frostverträglichkeit besitzen, steigt bei einem ungeschützten Wurzelpostament im Winter die Gefahr eines Schadens an der Palme.

Gärten im Innenstadtbereich besitzen ein wesentlich milderes Kleinklima als Gärten in Randbezirken oder ländlichen Regionen. Städte sind durch ihre großen Asphalt-, Beton-, und Steinflächen enorme Wärmespeicher und verfügen somit über eine große Abstrahlungsintensität. Diese Temperaturerhöhung wird durch die Energieerzeugung

im Bereich der privaten Haushalte, der Industrie und des Straßenverkehrs verstärkt. Temperaturunterschiede von 3 bis 8°C zwischen Innenstadtbereichen und Randbezirken sind keine Seltenheit.
Selbst in allen kälteren Regionen Mitteleuropas, die nur bedingt für eine Auspflanzung von Palmen geeignet sind, ermöglicht das mildere Innenstadtklima eine erfolgreiche und recht unkomplizierte Kultur von exotischen Pflanzen. Grundsätzlich ist die Intensität der Temperaturerhöhung von der Größe, Lage und industriellen Entwicklung der Stadt abhängig.

* * *

Bodenvorbereitung

Die sorgfältige Bodenvorbereitung ist eine weitere wichtige Voraussetzung für die erfolgreiche Freilandkultur von Palmen in unserem Klimabereich. Der Boden bildet das Fundament für die Pflanzen; er dient der Verankerung und ist Wasser- und Mineralstofflieferant. Da Palmen unterschiedliche Ansprüche an den Boden stellen, wird deren Wachstum und das Wachstum des Wurzelsystems auch durch die Bodenqualität bestimmt. Die Ausbildung des Wurzelsystems erfolgt durch Adventivwurzeln, die der Stammbasis entspringen und sich im Boden stark verzweigen. Die Adventivwurzeln bilden ein dichtes, tiefwachsendes Wurzelpostament. Kräftige Adventivwurzeln tragen zu einem gesunden und guten Wachstum der Palme bei.
Der Gartenboden ohne Steine und Kies setzt sich aus zwei Hauptbestandteilen von unterschiedlicher Größe zusammen, nämlich aus den staubfeinen Tonteilchen und den viel größeren Sandkörnchen.
Nach dem Mengenverhältnis von Sand- und Tonteilchen wird die Bodenart bestimmt. Sandböden bestehen aus vielen Sandkörnern und nur wenig Tonteilchen und umgekehrt. Setzt sich ein Boden aus mittleren Mengen Sand und Ton zusammen, nennt man ihn Lehmboden.

Sandboden
Eine starke Wasserdurchlässigkeit ist das Hauptkennzeichen eines Sandbodens. Sandböden trocknen schnell aus und verlangen zumeist eine reichliche Bewässerung. Die Durchlüftung eines Sandbodens ist im allgemeinen gut. Dadurch erwärmt er sich rasch, besitzt ein intensives Bodenleben und einen schnellen Humusabbau. Ein Sandboden hat eine geringe Bindigkeit, einen geringen Mineralstoffvorrat und ein schlechtes Festhaltevermögen für Nährstoffe.

Tonboden
Ganz andere Eigenschaften besitzt der Tonboden. Ist er einmal richtig nass, dann bleibt die Feuchtigkeit lange erhalten, weil seine Durchlässigkeit und Wasserführung gering ist. Ein Tonboden erwärmt sich langsam, zeigt gegenüber dem Sandboden aber nur geringe Wärmeschwankungen. Unter der schlechten Durchlüftung des Tonbodens leidet sowohl das Wurzelwachstum als auch das Bodenleben. Der natürliche Nährstoffvorrat wie auch das Festhaltevermögen für Nährstoffe ist gut.

Lehmboden
Als Übergangsboden von Sand- und Tonboden nimmt der Lehmboden auch in seinen Eigenschaften eine Mittelstellung ein. Alle extremen Eigenschaften sind hier gemildert.

Er ist deshalb auch am kulturfähigsten, insbesondere für Palmen. Sandböden können durch die Zufuhr von Ton schwerer, Tonböden durch die Beimischung von Sand leichter gemacht werden.

Der Humusgehalt mitteleuropäischer Gartenböden schwankt zwischen 1-10%. Der Durchschnittswert liegt bei etwa 4% und somit im Übergangsbereich von einem schwachen zu einem mäßig humosen Gartenboden. Die wichtigsten Humuseigenschaften bestehen in einer guten Wasserspeicherung und der Fähigkeit, Nährstoffe so stark zu binden, dass sie zwar vor Auswaschung geschützt sind, aber für die Pflanzen verwertbar bleiben. Grundsätzlich sollten nur besonders schwere Ton- oder leichte Sandböden mit Humus verbessert werden. Generell sind Humusgaben in Form einer Mulchschicht am förderlichsten für das Pflanzenwachstum.
Bei unseren Gartenböden kommen normalerweise nur pH-Werte von 3,5 bis 8,5 vor. Der günstigste pH-Wert für eine erfolgreiche Palmenkultur liegt zwischen 5,3-7,5 und bewegt sich somit in einem leicht sauren bis neutralen Bereich. Rhapidophyllum hystrix wächst auch in einem sauren Boden (pH-Wert 4,1-5,2). Ist der pH-Wert jedoch kleiner als 4, reagiert der Boden stark sauer, wodurch die Palmen Schaden erleiden und absterben können. Solange ein Boden genügend Kalk enthält, kann er nicht versauern. Bei Kalkmangel sollte aber auch nicht zu stark gekalkt werden, da hierdurch die Bodenreaktion in den alkalischen Bereich verschoben wird. Entsprechend ihrer trockenen Herkunft gedeihen alle *Brahea*, *Phoenix*, *Nannorrhops ritchiana* und *Trithrinax campestris* auch noch in einem leicht alkalischen Boden (pH-Wert 7,5-8). *Trachycarpus fortunei* und alle anderen Arten dieser Gattung wachsen hervorragend in einem Lehmboden mit pH-Werten zwischen 6,5-7,5.

In einem lockeren, gut durchlüfteten Boden wird die Wurzelatmung und somit die Enzymtätigkeit in den Wurzeln angeregt. Dies führt zu einer Beschleunigung des Wurzelwachstums und zur Ausbildung eines gesunden und leistungsfähigen Wurzelsystems. Bei einer guten Durchlüftung des Bodens ist ein intensiver Gasaustausch zwischen der mit Kohlendioxid (Abfallprodukt der Wurzelatmung) angereicherten Bodenluft und der Atmosphäre möglich. Das in hohen Konzentrationen für die Wurzeln schädlich wirkende Kohlendioxid wird abgegeben und durch frischen Sauerstoff ersetzt. Durch einen Sauerstoffmangel im Boden wird das Wurzelwachstum gehemmt, die Wasser- und Nährstoffaufnahme über die Wurzeln reduziert und das gesamte Pflanzenwachstum verlangsamt. Zudem treten Faulungsvorgänge ein, die auch gesunde Wurzeln betreffen können. Methan, organische Säuren und Schwefelwasserstoff wirken als Produkt solcher Faulungsvorgänge auf Palmen giftig. Ein Sauerstoffmangel tritt besonders bei festen, schlecht durchlüfteten oder ständig nassen, kalten Böden auf.
Besonders ungünstig wirkt sich ein hoher Grundwasserstand aus, da die Wurzeln

durch ein weiteres Ansteigen des Grundwassers völlig von der Sauerstoffzufuhr abgeschnitten werden können. Halten diese Bedingungen über mehrere Tage an, können große Teile des Wurzelsystems absterben.

In gut versorgten, schweren Böden braucht die Wurzel nur einen mäßig großen Bodenraum zu erschließen, um eine ausreichende Nährstoff- und Wasserversorgung sicherzustellen. Es bildet sich zumeist ein relativ kleines Wurzelsystem aus. Ein schwach ausgebildetes Wurzelsystem beeinträchtigt die Standfestigkeit bei größeren Palmen und führt bei einer Schädigung (z.B. durch Frost) zumeist zu einem schnellen Absterben der Palme.
Auf leichten, nährstoff- und wasserarmen, sandigen Böden muss hingegen ein weitverzweigtes, tiefes Wurzelsystem gebildet werden. Dies führt zu einer verbesserten Standfestigkeit der Palme. Außerdem können Schäden an einzelnen Wurzeln leichter verkraftet werden, da die Größe des Wurzelsystems auch weiterhin eine ausreichende Versorgung der Palme gewährleisten kann. Vor allem die Sabal-Arten und Jubaea chilensis neigen zur Ausbildung eines mächtigen Wurzelsystems.

Die aus Trocken- und Wüstengebieten stammenden *Brahea armata*, *Brahea decumbens*, *Phoenix dactylifera*, *Phoenix theophrastii*, *Nannorrhops ritchiana* und *Trithrinax campestris* verlangen einen relativ humusarmen, sehr gut drainierten Gartenboden mit einem hohen Lehm- und Sandanteil.
Alle *Sabal*, *Butia capitata*, *Jubaea chilensis* und *Serenoa repens* benötigen für ein gutes Wachstum einen leicht humosen Gartenboden. Diese Arten wachsen auch noch sehr gut auf Sandböden.
Um ein ausgezeichnetes Wachstum zu gewährleisten sollte bei allen *Trachycarpus* und bei *Chamaerops humilis* der Lehmanteil unbedingt über dem Sandanteil liegen.
Rhapidophyllum hystrix wächst auf humusreichen Gartenböden am besten.

* * *

Mario Stähler

Auspflanzung

Eine ideale Größe zum Auspflanzen hat *Trachycarpus fortunei* bei einer Höhe von 50-60 cm bzw. einer Container- oder Topfgröße von 15-20 Litern erreicht. Diese Höhe entspricht dem Entwicklungsstand, der im Fachhandel zum Verkauf geeigneten und überwiegend angebotenen Hanfpalmen. Da das Wachstum aller anderen Palmenarten relativ langsam ist und es lange dauert, bis aus ihnen stattliche Exemplare werden, sollten diese Palmen nicht als Sämlinge ausgepflanzt werden.
Manche Palmenliebhaber pflanzen diese Palmen aber dennoch in einem frühen Jugendstadium aus, um sich hierdurch die stärksten und frostverträglichsten Palmen heranzuziehen. Eine besondere Herausforderung besteht somit darin, kleinere Palmen ganzjährig erfolgreich im Garten zu kultivieren und zu großen Exemplaren heranwachsen zu lassen. Diese Jungpflanzen sollten aber nur in den milderen Gebieten und frühestens dann ausgepflanzt werden, wenn die ersten geteilten (adulten) Blätter erscheinen. Da kleinere Palmen grundsätzlich frostempfindlicher als ausgewachsene, etablierte Exemplare sind, benötigen Sämlinge und Jungpflanzen einen besonders guten Winterschutz. Letztlich setzt diese Methode eine gewisse Erfahrung im Umgang mit der Freilandkultur von Palmen voraus.
Ein anderer Grund für eine frühzeitige Auspflanzung von kleineren Palmen besteht darin, dass viele Arten im Fachhandel bisher nur als Sämlinge oder kleinere Jungpflanzen angeboten werden können und größere Palmen noch nicht für eine Kultur zur Verfügung stehen. Ein Beispiel hierfür bietet *Trachycarpus takil*. Wenige Samen dieser Palme gelangten 1887 nach Florenz/Italien und machten dort eine sehr eingeschränkte Kultur möglich. Erst vor wenigen Jahren gelang es nach mehr als 100 Jahren wieder, ein paar tausend Samen dieser Palme aus Indien zu versenden. Da eine weltweite Kultivierung der *Kumaon-Hanfpalme* erst seit wenigen Jahren möglich ist, konnten die Pflanzen der gekeimten Samen bisher nur zu 40 bis 50cm hohen Exemplaren heranwachsen.
Die beste Pflanzzeit für Palmen ist das Frühjahr von April bis Juni. Geringer Bodenfrost führt in der Regel auch bei kleineren Palmen zu keinem Schaden.
Der sich im Frühjahr erwärmende Boden fördert die Wurzelatmung und damit die Stoffwechselaktivität in der Wurzel. Hierdurch wachsen die Wurzeln besser an. Außerdem wird durch eine frühzeitige Auspflanzung die gesamte Länge einer Vegetationsperiode ausgenutzt. Der Palme bleibt somit genug Zeit, um sich bis zum ersten Winter am Standort zu etablieren, d.h. den sie umgebenden Boden großräumig durchwurzeln zu können.
Bei der Auspflanzung von gerade gekauften Palmen muss darauf geachtet werden, dass diese erst langsam an die höheren Lichtverhältnisse im Garten gewöhnt werden

müssen. Als Folge einer sofortigen Auspflanzung an sonnigen Standorten, können die zumeist in einem Treibhaus hochgezüchteten Palmen einen Sonnenbrand erleiden. Man sollte diese Palmen erst über mehrere Wochen an einen halbschattigen, von der heißen Mittagssonne geschützten Standort im Garten stellen. Alternativ hierzu können die Palmen bei einer sofortigen Auspflanzung durch eine mehrwöchige, leichte Schattierung z.B. duch Vlies geschützt werden.

Nach der Auspflanzung kann bei Palmen eine ein- bis zweijährige Eingewöhnungsphase einsetzen. Die Länge der Eingewöhnungsphase ist dabei von der Länge der Vegetationsperiode abhängig. In dieser Zeit verarbeitet die Palme den Umpflanzschock und passt sich den neuen Umweltbedingungen an. Während dieser Eingewöhnungsphase verlangsamt sich das Wachstum der Palme, so dass z.B. bei einer Trachycarpus fortunei lediglich mit einem Zuwachs von 2-3 Fächern gerechnet werden kann. Dieser Wachstumsstop kann jedoch durch eine richtige und sanfte Auspflanzung zumeist verhindert werden.
Der am weitesten verbreitete Fehler besteht darin, die Palme in einem Stadium auszupflanzen, in dem sie auf Grund der Größe und der fehlenden Durchwurzelung unfähig ist, die Eigenheiten des Winters zu überstehen. Es sollten grundsätzlich nur Palmen mit einem stark durchwurzelten Ballen ausgepflanzt werden. Hierdurch bleiben die Wurzeln erhalten und unbeschädigt, wodurch die Auspflanzung nur einen unwesentlichen Eingriff in den Lebenslauf der Palme darstellt.

Bei der Auspflanzung von Palmen in Tonböden kommt der schlechten Wasserführung (Drainage) dieser Böden eine besondere Bedeutung zu. Eine schlechte Drainage begünstigt die Wurzelfäule und somit das Absterben der Palme. Aus diesem Grund sollte die Auspflanzung bei diesen Böden nicht auf Oberflächenniveau, sondern leicht erhöht erfolgen, d.h. die Palme wird auf einer kleinen, künstlich angelegten Erhebung ausgepflanzt (siehe Abbildung 5).

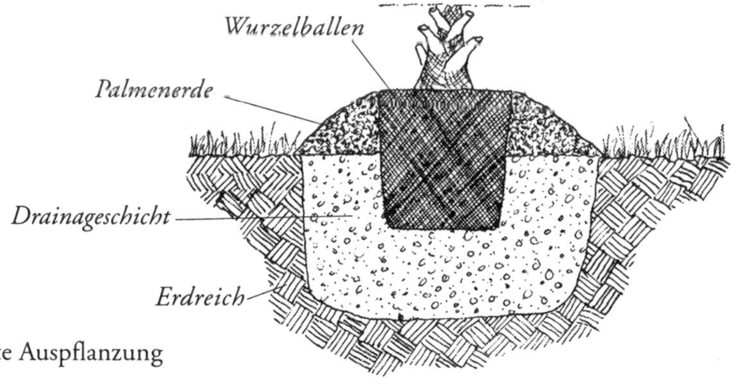

Abb 5: Erhöhte Auspflanzung

Hierzu wird ein Pflanzloch in der doppelten Größe des Wurzelballens ausgehoben und zur Hälfte mit einem Gemisch aus Sand, Lehm und feinkörnigem Kies aufgefüllt. Diese Schicht sorgt für eine sehr gute Drainage. Schließlich wird der restliche Teil des Wurzelballens mit der der jeweiligen Palmenart entsprechenden Erdmischung überdeckt. Es empfiehlt sich, diese Art der Auspflanzung bei allen gegen Staunässe empfindlichen Palmen anzuwenden.

Bei Sand- oder Lehmböden kann die Anpflanzung auf Grund der optimalen Wasserführung auf Oberflächenniveau erfolgen. Eine zusätzliche Drainageschicht ist, außer bei *Brahea armata*, *Butia capitata*, *Jubaea chilensis* und *Sabal uresana*, nicht unbedingt erforderlich.
Voraussetzung für ein gutes Anwachsen der Pflanze ist, dass das Pflanzloch nach entsprechender Bodenvorbereitung den Wurzeln ausreichend Platz bietet. Die Wurzeln dürfen auf keinen Fall nach oben umgebogen und in eine unnatürliche Lage gezwängt werden. Abgeknickte oder beschädigte Wurzeln werden mit einem scharfen, sauberen Messer abgeschnitten und die Schnittstelle mit Holzkohlepuder desinfiziert. Die Pflanzgrube sollte in Durchmesser und Tiefe etwa ein Drittel größer sein als der Wurzelballen der Palme. Nach der Auspflanzung muss für eine ausreichende Wasserzufuhr gesorgt werden. Neben dem Zweck die Pflanze zu wässern, erreicht man hierdurch auch, dass sich die Bodenteilchen eng an die Wurzeln anlegen.
Seit einiger Zeit lässt sich eine Entwicklung hin zur "Topfpflanzung" von Palmen beobachten. Bei dieser Art der Auspflanzung wird die Palme einfach mit dem sie umgebenden Topf ausgepflanzt. Nach einiger Zeit dringt das Wurzelsystem durch die Drainagelöcher am Gefäßboden und sprengt den Topf. Durch diese Topfpflanzung soll ein Umpflanzschock bei der Palme verhindert und ein enormer Wachstumsschub nach der Auspflanzung erreicht werden.
Diese Methode bietet nur bei der Auspflanzung von kleineren Palmen mit einem noch wenig entwickelten Wurzelsystem den Vorteil der Vermeidung eines Umpflanzschocks. Da bei der Topfpflanzung von jungen Palmen die zarten und empfindlichen Wurzeln unberührt bleiben, wird eine Schädigung des Wurzelsystems ausgeschlossen. Zudem kann eine kleine, eigentlich noch nicht zur Auspflanzung geeignete Palme im Winter bei den ersten Anzeichen eines Frostschadens ohne einen größeren Aufwand aus der Erde genommen werden.
Bei größeren Palmen mit einem stark durchwurzelten Ballen wirkt diese Methode eher wachstumshemmend, da sich die Wurzeln in dem eingeengten Wurzelraum des Topfes nicht gleich nach der Pflanzung ungehindert ausbreiten können. Der Sinn einer Auspflanzung besteht aber gerade darin, der Palme einen ausreichenden Bodenraum für die Ausbildung eines mächtigen und gesunden Wurzelsystems zur Verfügung zu stellen.

Wasser und Düngung

Im Winter sollten alle Freilandpalmen relativ trocken gehalten werden. Eine übermäßige Bodenfeuchtigkeit kann in dieser kalten, niederschlagsreichen Jahreszeit zu Wurzelfäule und zu einer starken Schädigung der Palme führen. Auf eine zusätzliche, künstliche Bewässerung kann meist von Oktober bis Mai verzichtet werden. Während dieser Monate enthält der Boden genügend Herbst- und Winterfeuchtigkeit, um eine ausreichende Versorgung der Palme gewährleisten zu können.
Lediglich bei leichten, sandigen Böden kann auch im Winter eine zusätzliche Bewässerung erforderlich sein. Dies gilt vor allem dann, wenn die Palme zusätzlich der Wintersonne ausgesetzt ist oder über mehrere Wochen oder Monate unter einem Winterschutz verborgen bleibt.

Im Sommer benötigen alle Palmen während der trockensten und wärmsten Monate (Juli/August) viel Wasser. Nur eine kontinuierliche Wasserversorgung verhindert Wachstumsstörungen und führt zu einer gleichmäßigen Entwicklung der Pflanze. Dies gilt besonders für Palmen an einem sandigen oder vollsonnigen Standort. Geringe Bewässerung bringt die Wurzeln an die Oberfläche und lässt sie austrocknen. Große, ausgewachsene Palmen haben mitunter ein ausgedehntes und tiefes Wurzelsystem, so dass eine zusätzliche Bewässerung meist entfällt.
Bleibt der natürliche Niederschlag über einen längeren Zeitraum aus, muss die fehlende Bodenfeuchtigkeit durch eine künstliche Bewässerung ausgeglichen werden. Im Gegensatz zum normalen Regenwetter herrscht zum Zeitpunkt der künstlichen Bewässerung zumeist eine Hochdruckwetterlage mit hohen Temperaturen, einer geringen Luftfeuchtigkeit und einer starken Sonneneinstrahlung vor.
Eine zusätzliche Bewässerung bringt kältere, größere Wassermengen in wenigen Sekunden zum Wurzelsystem. Dies führt zu einer plötzlichen, empfindlichen Abkühlung des Bodens und zu einer unnötigen Verzögerung des Palmenwachstums. Den veränderten Umweltbedingungen kann sich die Palme nur langsam anpassen.
Aus diesem Grund darf nur mit abgestandenem, temperiertem und weichen bis mittelhartem Wasser gegossen werden. Außerdem sollte man nur in den Morgen-, Abend- und Nachtstunden gießen, da in dieser Zeit die geringsten Verdunstungsverluste zu beobachten sind.

Palmen wachsen auch in nährstoffarmer Erde. Um ihr Wachstum zu beschleunigen, benötigen sie allerdings während der Vegetationsperiode (April bis September) eine regelmäßige, zweiwöchige Düngung.
Eine erste Düngung erfolgt, wenn die Palme sichtbar wächst, meist im April. Die

letzte Düngung sollte Ende August erfolgen, um eine Ausreifung des Gewebes im September zu ermöglichen. Lediglich in allen Weinbaugebieten kann auf Grund einer längeren Vegetationsperiode eine Düngung bis Mitte September erfolgen. Die Ausreifung des Gewebes erfolgt hier Ende September und im Oktober.
Die Düngung darf grundsätzlich nur bei feuchtem Boden durchgeführt werden und kann mit einem normalen Palmendünger oder einem organischen Dünger erfolgen. Guano ist allerdings wegen des hohen Phosphor-Gehaltes ungeeignet. Düngt man bei trockenem Substrat, kann dies zu Verbrennungen am Wurzelsystem führen.
Nur mittels einer regelmäßigen Düngung erhält man kräftige und gesunde Palmen, welche die Wintermonate weitaus besser überstehen, als ungedüngte, schwächliche Palmen.

Während einer Vegetationsperiode verbraucht eine kleine Palme (bis zu 5m Höhe) je nach Art, Größe und Wachstum zwischen 0,25 und 2kg Dünger. Der Palmendünger sollte dabei unbedingt die vier Bestandteile Stickstoff (N), Phosphor (P), Kalium (K) und Magnesium (Mg) im Verhältnis von etwa 3:1:3:1 enthalten.
Stickstoff ist der "Motor im Pflanzenwachstum". Er fördert die Bildung des Zellplasmas und des Blattgrüns. Mangelerscheinungen äußern sich in einem schwachen Austreiben, in einer gelben Blattfärbung, in einem kümmerlichen Wuchs, einer vorzeitigen Blüte und einer vermehrten Wurzelbildung.
Phosphor fördert den Blütenansatz, die Fruchtbildung und beschleunigt die Fruchtreife. Phosphor wird von Palmen, im Gegensatz zu Stickstoff und Kalium, nur in geringeren Mengen aufgenommen. Bei Phosphormangel kommt es zu einem geringeren Blüten- und Fruchtansatz. Zudem wird die Wurzelbildung beeinträchtigt, wodurch die Pflanze im Wachstum zurückbleibt.
Kalium ist im Zellsaft gelöst und führt zu einem optimalen Quellungszustand des Zellplasmas. Hierdurch können die Zellen länger den notwendigen Zellinnendruck aufrechterhalten. Dies wirkt sich vorteilhaft auf den Wasserhaushalt der Pflanze aus und hemmt die Wasserverdunstung über die Blätter. Kalium macht die Palme widerstandsfähig gegen Frost, Trockenheit, Krankheit und Schädlingsbefall. Kaliummangel äußert sich durch vergilbte, trockene Blätter und eine erhöhte Schädlings- und Frostanfälligkeit.
Magnesium kommt im Blattgrün vor. Es wirkt aktivierend auf die Atmung und Photosynthese der Pflanze. Magnesiummangel zeigt sich durch eine Gelbfärbung der Blätter zwischen den zunächst noch grünen Blattadern. Im weiteren Verlauf sterben die Blätter ab.
Der Verlust von Kalium und Magnesium ist besonders während kalter, feuchter Wetterlagen im Winter zu beobachten. Ein Magnesiummangel tritt zudem verstärkt bei saurem Boden auf. Der Verlust an Nährstoffen kann aber durch entsprechende Düngergaben im Frühjahr ausgeglichen werden. Die Spurenelemente Eisen (Fe), Bor

(B), Kupfer (Cu), Mangan (Mn), Molybdän (Mo) und Zink (Zn) werden nur in sehr geringen Mengen zu einem gesunden Pflanzenwachstum benötigt. Der Vorrat des Bodens an verfügbaren Spurenelementen ist zumeist ausreichend und macht eine zusätzlich Düngung somit entbehrlich.

Weil Palmenliebhaber ihre Pflanzen gerne schnell wachsen sehen, düngen sie oftmals zu stark oder zu häufig. Dünger in Überdosis wird jedoch für jede Pflanze zum Gift und kann zu ihrem Absterben führen.

* * *

Mario Stähler

Frostverträglichkeit

Die angegebenen Minimumtemperaturen sind Orientierungswerte und beziehen sich auf klimatisch günstige Standorte, sowie auf eine geringe Boden- und Luftfeuchtigkeit. Bei ungünstigeren Kulturbedingungen und einer erhöhten Boden- und Luftfeuchtigkeit sinkt die Frosttoleranz von Palmen, so dass früher Frostschäden auftreten können.

Die Frostverträglichkeit einer Pflanze ergibt sich aus der Fähigkeit des Protoplasmas, das Gefrieren und den damit verbundenen Wasserentzug zu ertragen.
Ein Faktor für die Frosthärte ist die Bodenfeuchtigkeit. So ertragen viele der beschriebenen Palmen bei einem trockenen Boden z.B. eine Lufttemperatur von -10°C problemlos, können jedoch bei nassem Boden bereits bei -2°C Schäden erleiden. Weiterhin ist die Luftfeuchtigkeit von großer Bedeutung. Bei einer hohen Luftfeuchtigkeit bilden sich Eiskristalle auf den Blättern, das Wasser in den Zellen gefriert und verstärkt die mit der fortschreitenden Ausfrierung verbundenen Entwässerung. Als Folge dieser Entwässerung platzen die Zellen und die Blätter erleiden Schaden. Demnach entstehen in NW-Deutschland bei hoher Luftfeuchtigkeit bereits ab -10°C erste Blattschäden an *Trachycarpus fortunei*, während in SW-Deutschland bei einer geringeren Luftfeuchtigkeit erste Schäden erst ab -12°C und später auftreten. Natürlich spielt auch die Dauer der Minimumtemperaturen eine wichtige Rolle. So werden kurzfristige Minustemperaturen viel besser toleriert als ein Anhalten der tiefen Temperaturen über mehrere Tage oder Wochen.
Bei allen Palmen besteht die Gefahr der Frosttrocknis. Sie entsteht bei sonnigem Wetter durch die Wasserverdunstung über die Blätter bei gleichzeitig gefrorenem Boden, der einen Wassernachschub über das eingefrorene Wurzelsystem verhindert. Bei Palmen in Töpfen ist diese Gefahr besonders gross.

Frost- und Kälteschäden an einer Palme lassen sich in verschiedene Schädigungsgrade einteilen. Eine Schädigung ersten Grades ist bei kleineren Erfrierungen an den Blättern (längliche Risse) oder der Blattspitze gegeben. Bei Frostschäden zweiten Grades sind ganze Blätter erfroren. Jedoch bleiben wenige Blätter, der Neutrieb und die Wurzeln in der Regel unversehrt, so dass die Palme im Frühjahr erneut kräftig austreiben kann. Verliert die Palme hingegen alle oberirdischen Teile (Blätter und Neutrieb) und beginnt sogar im Vegetationspunkt zu faulen, liegt eine Schädigung dritten Grades vor. Sofern man einige Hilfsmaßnahmen trifft, kann die Palme selbst bei einer solchen Schädigung im Spätsommer wieder austreiben und oft gerettet werden.

Ab -3°C/-4°C beginnt bei allen Palmen die sogenannte "Verglasung" einzusetzen. Bei diesem Vorgang nimmt das Protoplasma des Blattwerkes eine dunkelgrüne Färbung an, wodurch es glasig und erfroren erscheint. Dieses Phänomen verstärkt sich mit der Zunahme der Frostintensität und tritt besonders bei erhöhter Luftfeuchtigkeit auf.
Bei leichtem Frost verfärben sich zunächst nur einzelne Stellen, die "Verglasung" tritt lediglich punktuell auf. Mäßiger Frost führt zu einer vollständigen Verfärbung des Blattwerkes. Bei einer weiteren Verstärkung der Frosteinwirkung (strenger Frost) falten sich die einzelnen Blattsegmente der Palme zusammen.
Diese Reaktionen stellen eine ganz natürliche Anpassung an die tiefen Temperaturen dar. Sobald die Temperaturen wieder in den positiven Bereich steigen, normalisiert sich der Zustand des Blattes.
Erscheinen die Blätter dagegen matt, strohig und vertrocknet, handelt es sich um Frostschäden. Im Laufe des Frühjahres verfärben sich solche Blätter braun und sterben ab. Ob es sich bei der dunkelgrünen Verfärbung um die sogenannte "Verglasung" oder um Frostschäden handelt lässt sich während der Frostperiode auch mit Hilfe der menschlichen Körperwärme feststellen.
Hierzu hält man ein Blattsegment mehrere Sekunden zwischen zwei Fingern. Tritt an dieser erwärmten Stelle eine normale Färbung auf, funktioniert die Kälteanpassung der Palme.

Die einzige Anpassung von Palmen, um Schäden durch tiefe Temperaturen zu verhindern, ist eine gewisse Abhärtung. Die Abhärtung ist ein physiologischer Vorgang, der sich im Herbst vollzieht, über mehrere Stufen erfolgt und zu einer Verminderung der Stoffwechselaktivität führt. Dieser Prozess ist bei Palmen allerdings weniger ausgeprägt, als bei einheimischen, dem Klima der gemäßigten Zone optimal angepassten Pflanzen.
Die erste Stufe, die zu einem gewissen Ruhestand führt, wird im Herbst durch die kürzere Tageslänge eingeleitet. Eine weitere Abhärtung erfolgt, wenn die Temperatur auf wenige Grade über 0°C absinkt. Der Höhepunkt der Abhärtung ist beim Auftreten der ersten Fröste erreicht.
Die mit der Abhärtung verbundenen physikalisch-chemischen Veränderungen im Protoplasma sind im einzelnen noch nicht bekannt. Eine enge Wechselbeziehung scheint jedoch zwischen der jeweiligen Frosthärte und der Zuckerkonzentration im Plasma zu bestehen. Im abgehärteten Zustand ist das Protoplasma weitgehend inaktiviert.

Trachycarpus fortunei und *Trachycarpus wagnerianus* überstehen in der Regel Temperaturen bis zu -12°C ohne Schaden. Bei Temperaturen unter -12°C ist mit ersten Schäden an den Fächern zu rechnen. Bei Temperaturen unter -14°C muss mit einem Absterben der Fächer gerechnet werden, wobei der Vegetationspunkt selbst noch Temperaturen um -18°C trotzt. Unter günstigen Bedingungen kann der Vegetationspunkt auch noch Temperaturen um -20°C überleben und manche Pflanzen sollen auch noch tiefere Temperaturen überlebt haben. In diesem Fall können aber irreversible Schäden in Form von Missbildungen am Blattwerk der Palme auftreten. Trachycarpus fortunei überlebt auch längere Frostperioden. Die Frostverträglichkeit kann aber von Palme zu Palme um wenige Grade variieren.

Trachycarpus takil und Trachycarpus nanus zeichnen sich durch ihre größere Frosthärte aus. So überleben diese Palmen noch etwas niedrigere Temperaturen ohne Schaden. Mit einem Absterben der Fächer muss bei diesen Arten erst ab -14 bis -16°C gerechnet werden.

Bei den *Sabal-Arten* handelt es sich ebenfalls um sehr frostharte Palmen.
Sabal minor besitzt die größte Frosthärte und übersteht kurzfristig auch Temperaturen bis zu -20°C ohne Schaden. Jedoch werden längere Frostperioden nur sehr schlecht toleriert. In einigen Regionen ihres Naturstandortes friert sie regelmäßig bis auf den Boden zurück, um im Frühjahr neu auszutreiben.
Bei *Sabal etonia, Sabal palmetto, Sabal x texensis* und *Sabal uresana* muss ab -10 bis -12°C mit Schäden an den Fächern gerechnet werden. Temperaturen unter -14°C werden von diesen Arten nicht mehr toleriert und führen in der Regel zum Absterben der Palme. Lediglich *Sabal x texensis* übersteht Temperaturen bis -17°C. Mit einer Frosttoleranz von -11 bis -12°C ist Sabal mexicana gegenüber strengen Frösten etwas empfindlich.

Nannorrhops ritchiana übersteht in Kultur kurzfristig auch Temperaturen bis zu -20°C ohne Probleme. Dies ist jedoch nur für ausgewachsene Palmen, bei sehr trockenem Boden und einer sehr niedrigen Luftfeuchtigkeit zutreffend. In unserem feuchten Klima muss hingegen bereits ab -12°C mit einem Totalverlust der Fächer gerechnet werden. Die "Silberform" besitzt eine niedrigere Frosttoleranz von nur -9°C und ist für eine Auspflanzung in unseren Breiten wohl ungeeignet.

Rhapidophyllum hystrix ist sicherlich die frosthärteste Palme und übersteht in Kultur an der Ostküste der USA regelmäßig Temperaturen bis zu -23°C. Selbst in Deutschland werden kurzzeitige Temperaturen bis zu -20°C ohne Probleme toleriert. Rhapidophyllum hystrix erträgt unter günstigen Bedingungen 2 bis 3 wöchige Frostperioden.

Serenoa repens ist zunächst sehr frostempfindlich und verträgt im Jugendstadium keine Temperaturen unter -6 bis -9°C. Mit zunehmendem Alter erhöht sich jedoch die Frostverträglichkeit, so dass Temperaturen bis zu -12°C ohne Probleme toleriert werden. Ein Absterben der Palme erfolgt in diesem Stadium in der Regel erst ab -18°C.

Trithrinax campestris verträgt Temperaturen von -8 bis -10°C ohne Probleme. Ab -12°C ist mit einem Totalverlust der Fächer zu rechnen. Ausgewachsene Exemplare sind bis -15°C frosthart.

Chamaerops humilis wird eine Frosthärte bis zu -13°C nachgesagt. Erfahrungsgemäß ist aber bei Temperaturen unter -8 bis -10°C mit dem Absterben der Fächer zu rechnen. Bei Temperaturen unter -10 bis -12°C stirbt regelmäßig der gesamte Hauptstamm ab. Meist treibt die Palme im Frühjahr jedoch neue Ausläufer, die relativ schnell heranwachsen.
Ohne einen größeren Aufwand beim Winterschutz kann diese Art in Deutschland nur als niedriger Tuff gehalten werden. *Chamarpos humilis var. cerifera* besitzt mit bis zu -15°C eine etwas größere Frosthärte.

Bei *Jubaea chilensis* treten im feuchtmaritimen Klimabereich ab -8 bis -10°C Schäden an den Fiedern auf, während bei einem trockenen Klima erst ab -10 bis -12°C mit ersten Schäden zu rechnen ist. Ausgewachsene Exemplare sind bis -15°C frosthart.

Ausgewachsene *Butia capitata, Phoenix dactylifera* und *Phoenix theophrastii* überstehen unter günstigen Bedingungen Temperaturen bis zu -12°C ohne abzusterben. Allerdings treten ab etwa -6 bis -8°C größere Blattschäden auf.

Brahea armata übersteht bei einer niedrigen Luftfeuchtigkeit kurzzeitige Temperaturen von -5 bis -6°C ohne größere Schäden am Blattwerk. Bei anhaltendem Frost unter -10°C stirbt die Palme in der Regel ab.

Bei *Brahea decumbens* dürften ab -6 bis -8°C erste Blattschäden auftreten. Unter günstigen Bedingungen erträgt sie Frost bis -12°C.

* * *

Mario Stähler

Regenerationsfähigkeit

Das Gedeihen von auspflanzbaren Palmen in unserem Klimabereich hängt aber nicht nur von einer ausreichenden Frosthärte ab, sondern auch von einem kräftigen Wachstum bzw. einer zufriedenstellenden Regenerationsfähigkeit im Sommer. Unter Regenerationsfähigkeit ist die Fähigkeit einer Palme zu verstehen, die im Winter verloren gegangenen Teile in der Vegetationsperiode wieder zu ersetzen.

Eine gute Regenerationsfähigkeit besitzen die meisten Trachycarpus-Arten. Eine größere, etablierte *Trachycarpus fortunei* entwickelt in einem durchschnittlichen Sommer 5-9 neue Blätter. Während langer, warmer Vegetationsperioden können gesunde Pflanzen bis zu 12 neue Blätter produzieren. Der Stammzuwachs kann somit je nach Region und Sommerklima zwischen 10 und 30cm betragen. Bei einer Jungpflanze kann man dagegen höchstens mit einem Zuwachs von 2-4 neuen Blättern rechnen.
Trachycarpus takil ist sicherlich die am schnellsten wachsende Art der Gattung.
Selbst ein möglicher Verlust aller Fächer in einem Extremwinter kann bei diesen Trachycarpus-Arten in nur einer Vegetationsperiode wieder ausgeglichen werden. Im Gegensatz zu dieser guten Regenerationsfähigkeit entwickelt sich *Trachycarpus nanus* nur zögerlich und hat ein eher langsames Wachstum.

Die Regenerationsfähigkeit verschlechtert sich aber deutlich mit zunehmender Schwächung der Palme bedingt durch einen ständigen Blattverlust während mehrerer aufeinander folgender kalter Winter. Demnach ist es wichtig, dass die Palme nach dem Winter relativ gesund und ohne größere Schäden in die neue Vegetationsperiode startet.

Eine weniger gute Regenerationsfähigkeit haben alle *Sabal* und alle tuffbildenden Arten. Auf Grund der relativ kühlen Sommer in Mitteleuropa wird das Wachstum dieser wärmeliebenden Palmen eher etwas verzögert sein. Dies gilt besonders für alle Küstenregionen in Deutschland. Das Fehlen der Sommerwärme kann aber, wie bereits erwähnt, durch die Errichtung eines Kälteschutzgestells nach der Auspflanzung ausgeglichen werden.

Rhapidophyllum hystrix hat mit 3-4 neuen Fächern pro Vegetationsperiode noch das schnellste Wachstum. Bei allen *Sabal*, *Brahea armata*, *Brahea decumbens*, *Nannorrhops ritchiana*, *Serenoa repens* und *Trithrinax campestris* kann man dagegen ohne Kälteschutzgestell meistens nur mit 1-3 neuen Fächern rechnen.

Ein Totalverlust der Fächer kann bei diesen Arten in nur einer Vegetationsperiode kaum zufriedenstellend aufgeholt werden und wirft besonders Sämlinge oder kleinere Palmen unter Umständen um mehrere Jahre in der Entwicklung zurück.

Eine Ausnahme unter den tuffbildenden Arten bildet die relativ wüchsige *Chamaerops humilis*. Am Hauptstamm entwickelt die Zwergpalme etwa 4-8 neue Fächer pro Jahr. Die Seitentriebe bilden in den ersten Jahren weniger Blätter.

Die einzige auspflanzbare Vertreterin unter den Fiederpalmen, *Jubaea chilensis*, hat ebenfalls ein relativ langsames Wachstum und somit eine mässige Regenerationsfähigkeit.
Jubaea chilensis hat aber nur im Jugendstadium ein langsames Wachstum. Nach der Stammbildung beschleunigt sich mit bis zu 15 neuen Blättern pro Jahr das Wachstum dieser Palme. *Jubaea chilensis* kann über 150 Jahre alt werden.

Die bedingt auspflanzbare *Butia capitata* wächst relativ schnell und bildet auch bei niedrigen Temperaturen noch mehrere neue Fieder. Das Wachstum von *Phoenix dactylifera* und *Phoenix theophrastii* ist, im Gegensatz zu der sehr schnell wachsenden *Phoenix canariensis*, bei fehlender Sommerwärme eher etwas zögerlich und langsam.

* * *

Mario Stähler

Winterschutz

Bei der Auswahl der geeigneten Palmen spielt auch der Aufwand beim Winterschutz vor allem in kälteren Regionen eine wichtige Rolle. Weniger frostharte Palmen benötigen natürlich einen besseren Winterschutz als Palmen mit einer hohen Frosttoleranz zwischen -15 bis -20°C. In allen milden Gebieten Mitteleuropas spielt dieser Punkt nur eine untergeordnete Rolle. Hier können die härtesten Arten mit einem Minimum an Winterschutz die mitteleuropäischen Winter überstehen und sogar in dieser Jahreszeit einen Reiz von Exotik im Garten verbreiten. In kälteren Regionen steigt der Aufwand beim Winterschutz, der je nach Winterklima auch mit einem Kostenfaktor verbunden ist. In Gebieten mit einem eher kontinental geprägten Winterklima wird es nötig, die Palmen während kalter Witterungsperioden zu beheizen.
Mit zunehmender Höhe der Palmen müssen größere Schutzbauten angelegt werden, wodurch die Palmen aus Zweckmäßigkeitsgründen über mehrere Wochen und Monate unter einem Winterschutz verschwinden. Die Errichtung solcher Bauten kann unter Umständen recht mühsam und zeitaufwendig sein. Dies hängt allerdings von der zu erwartenden Größe der Palme ab. Niedrig wachsende, sehr frostverträgliche Arten dürften in winterkalten Gebieten die wenigsten Probleme bereiten. Auf eine ganzjährige Gartenkultur sollte in jenen Regionen verzichtet werden, in denen die Palmen auf Grund des Winterklimas für mehr als 3 Monate mit einem Winterschutz versehen und ständig beheizt werden müssten. Die Überlegung, auf einen ausreichenden Winterschutz zu verzichten und die Palme sich selbst zu überlassen, führt selbst bei frosthärteren Arten mit Sicherheit zu einem Misserfolg.

Neben einem guten Standort vergrößert natürlich ein geeigneter Winterschutz die Chance der Palmen, einen mitteleuropäischen Winter ohne größeren Schaden zu überstehen. Oft sind es in einem kalten Winter nur wenige Tage oder gar Stunden extrem tiefer Temperaturen, die über Erfolg oder Misserfolg entscheiden.

Die Errichtung eines geeigneten Winterschutzes sollte in mehreren Phasen erfolgen und dem jeweiligen Winterklima angepasst sein. Ab November/Dezember kann zur Vermeidung von übermäßiger Feuchtigkeit im Bereich der Palme ein Regen- und Nebelschutz installiert werden.
Mit Hilfe dieses Winterschutzes sollten während der kalten und feuchten Wintermonate alle Palmen geschützt werden. Unverzichtbar wird dieser Winterschutz bei allen nässeempfindlichen Palmen. Im Winter besteht bei fast allen Palmen eine hohe Fäulnisgefahr des Vegetationspunktes und des Wurzelsystems. Die Steuerung

der Luft- und Bodenfeuchtigkeit mittels eines Regenschutzes beeinflusst das Auftreten von Pilzkrankheiten ganz entscheidend, da deren Sporen für die Infektion einen gewissen Grad an Feuchtigkeit benötigen.
Viele Palmen sterben während der Wintermonate durch einen zu feuchten Standort und eine hierdurch bedingte Pilzinfektion ab. In diesem Zusammenhang stellt sich die Frage, ob die Trachycarpus-Arten ebenfalls eines Regenschutzes bedürfen. Für viele Palmenkenner spielt die Feuchtigkeit als Ursache von Stammfäule nur eine sekundäre Rolle. Für sie tritt die "Herzfäule" durch eine starke Frosteinwirkung im aktivsten, mittleren Bereich des Vegetationspunktes auf. Diese Ansicht ist sicherlich zutreffend. Jedoch muss berücksichtigt werden, dass gerade ein feuchter Vegetationspunkt sehr anfällig für Fröste ist, da die Ausfrierung durch eine übermäßige Feuchtigkeit verstärkt wird.
Viele Palmenliebhaber verzichten bei ihren Trachycarpus auf einen Regenschutz. Sie verweisen auf das feuchte Klima des Tessin und die Tatsache, dass dort die Palmen auch nicht faulen. Tatsächlich handelt es sich aber bei den Niederschlägen im Tessin um heftige, kurzzeitige, zumeist nächtliche Regenfälle. Diese sind typisch für Gebiete mit mediterranem Klima. Am Tag scheint oftmals die Sonne und führt zu einer Verdunstung der übermäßigen Feuchtigkeit im Bereich der Palme.
Im gemäßigten Klimabereich Mitteleuropas hält die feuchte, kalte Witterung dagegen über mehre Wochen an und bietet günstige Bedingungen für eine Pilzinfektion im Bereich des Vegetationspunktes.
Trachycarpus fortunei, *Trachycarpus wagnerianus* und *Trachycarpus takil* benötigen, im Gegensatz zu allen anderen Arten, während eines normalen Winters nicht unbedingt einen Regenschutz, um gesund zu bleiben. Dennoch muss regelmäßig beim Zusammenspiel von Frost und Feuchtigkeit mit Schäden an den Fächern der Palme gerechnet werden. Zu besonders großen Schäden kommt es bei Hagel oder Eisregen. Werden solche Ereignisse durch den Wetterdienst rechtzeitig angekündigt, kann man mittels eines kurzzeitigen Regenschutzes schwere und unnötige Blattschäden an ungeschützten Trachycarpus vermeiden.

Durch einen Regenschutz wird aber auch übermässige Bodenfeuchtigkeit und somit die Frostanfälligkeit der Palme verringert. Ferner vermindert dieser Schutz den Verlust und die Abstrahlung von Bodenwärme im Bereich der Palme während kalter, wolkenarmer Winternächte. Durch diese Maßnahme wird die für die Gesundheit der Palme wichtige Luftzirkulation nicht beeinträchtigt.
Dennoch sollte an regenfreien Tagen die Plastikfolie entfernt oder zurückgeschlagen werden, um der Palme ein Maximum an Licht zu gewähren. Im maritimen Klimabereich kann bereits ab Ende Februar/Anfang März auf einen Regenschutz verzichtet werden, da die Temperaturen deutlich ansteigen und besonders in Südwestdeutschland und der Westschweiz bereits 15 bis 20°C erreichen können.

Unverzichtbar ist eine Schutzschicht für den Wurzelbereich der Palme, um ein Durchfrieren des Bodens zu verhindern. Besonders sorgfältig müssen die Wurzeln aller leicht erhöht ausgepflanzten Palmen geschützt werden. Am Naturstandort der beschriebenen Palmenarten bleibt der Boden in der Regel ständig frostfrei.
Die Wurzeln haben sich diesem milden Bodenklima angepasst. Sie sind der empfindlichste Teil einer Palme und müssen in jedem Winter sehr gut gegen Frost geschützt werden.
Die niedrigsten Temperaturen herrschen meist in Bodennähe, aber die Oberflächen- und Adventivwurzeln der frostharten *Trachycarpus fortunei* ertragen nur -6,5°C. Somit darf die Bodentemperatur am Standort einer *Trachycarpus fortunei* niemals auch nur in die Nähe dieses Grenzwertes sinken, um ein Absterben der Pflanze zu verhindern. Dank der relativ hohen Frosthärte des Wurzelsystems, erträgt die Hanfpalme aber kurzzeitig einen durchgefrorenen Boden ohne einen Schaden zu erleiden.

Ein sicherer Schutz bietet sich durch die Anhäufung einer dicken Schicht aus Rindenmulch, besser Buchen- oder Eichenlaub um den Palmenstamm.
In einem schneereichen Winter dient Schnee als guter Isolator und sollte großzügig um den Palmenstamm angehäuft werden, ohne jedoch den Vegetationspunkt zu bedecken. Unter einer dicken Schneedecke sinkt die Bodentemperatur nur wenig unter den Gefrierpunkt.

Zur Überwinterung der Trachycarpus-Arten sollte zusätzlich bei Auftreten von Extremwerten unter -10°C/-12°C nur für die Dauer der Frostperiode ein Winterschutz aus Schilf- oder Strohmatten errichtet werden (siehe Abbildung 6).
In allen besonders wintermilden Gebieten und Weinbauregionen wird dieser Winterschutz nur an wenigen Tagen im Januar und Februar nötig.
Bei dieser Methode wird die Schilf- oder Strohmatte in Form eines Zylinders locker um die Palme gestellt und im oberen Bereich mit einer Styroporplatte oder Luftpolsterfolie abgedeckt.
Ein Stamm- und Neutriebschutz aus Stroh eignet sich nicht, da dieser Winterschutz die Feuchtigkeit zu lange hält und der Vegetationspunkt nicht abtrocknen kann.

In milden Wintern genügt als Winterschutz meist schon ein Wurzelschutz oder ein kurzzeitiges Zusammenbinden aller Fächer um den Vegetationspunkt bzw. die noch nicht entfalteten Fächer (Abbildung 7). Demzufolge ist es notwendig, die winterlichen Wetterprognosen zu beachten, um drohenden Schaden rechtzeitig abwenden zu können.

Im kontinentalen Klimabereich muss der Winterschutz meist über mehrere Wochen installiert werden. In diesen Gebiet empfiehlt sich, alternativ zum Schilf- und

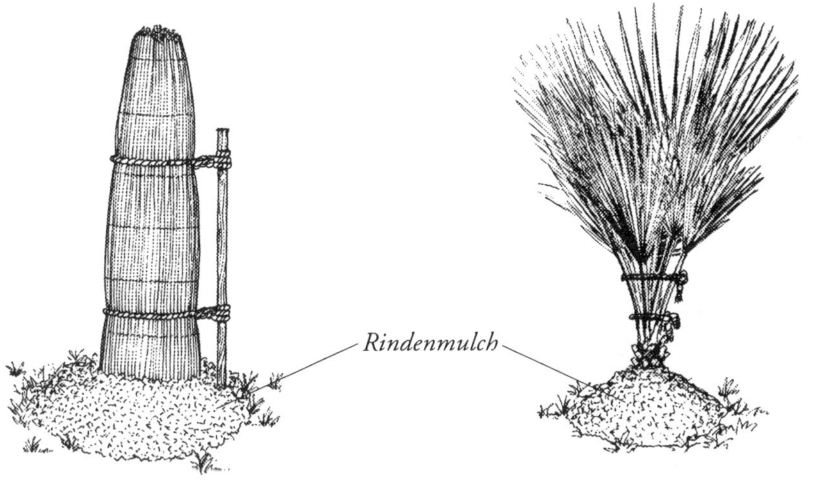

Abb 6: Winterschutz aus Stroh- und Schilfmatten
Abb 7: Einfacher Winterschutz, zusammengebundene Blätter

Strohmattenwinterschutz, der Bau eines stabilen, transportablen Verschlages aus Holzlatten und Luftpolsterfolie. Der am einfachsten zu bauende Winterschutz hat die Form einer quadratischen Säule oder eines Würfels. Um eine regelmäßige Durchlüftung zu ermöglichen, muss die obere Öffnung dieses Winterschutzes wiederum mittels einer leicht zu entfernenden Styroporplatte oder Luftpolsterfolie abgedeckt werden. Dieser Schutz kann, nachdem die Blätter der Palme zusammengebunden wurden, einfach über die Palme gestellt werden. Mit dieser Art des Winterschutzes lassen sich Palmen bis zu einer Höhe von 1,5m wirksam schützen. Bei einer Höhe über 1,5m wird ein transportabler Winterschutz allerdings unzweckmäßig. Bei größeren Palmen muss der Winterschutz fest im Boden verankert und jeden Winter am Standort der Palme neu errichtet werden.
Um dem Wind möglichst wenig Angriffsfläche zu bieten, kann der Winterschutz durch die Form eines Zylinders oder einer achteckigen Säule weiter optimiert werden.

Dieser geräumige Winterschutz ermöglicht während sehr kalter Witterungsperioden sogar die Beheizung der Palme, z.B. mittels eines freilandtauglichen Heizkabels oder einer feuchtraumisolierten 100 Watt Glühbirne. Bei Verwendung eines Heizkabels sollte die Wärmezufuhr allerdings mit einem Thermostat kontrolliert werden, um hohe Temperaturen und einen hierdurch bedingten frühzeitigen Austrieb der Palme zu verhindern. Mit Hilfe eines 100 Watt-Heizkabels kann, je nach Größe des Winterschutzes, eine Erwärmung von 4 bis 8°C erreicht werden. Zumeist wird jedoch

ein 30 Watt-Heizkabel ausreichend sein. Um ihre Wärme entfalten zu können, muss eine Glühbirne im Bereich des Vegetationspunktes (Neutriebes) installiert werden, ohne diesen jedoch direkt zu berühren. Notwendig wird eine künstliche Wärmezufuhr durch ein Heizkabel oder eine Glühbirne jedoch nur, wenn die Temperatur im Winterschutz kritische Werte der Frosttoleranz erreicht und das Überleben der Palme gesichert werden muss.
Eine kostengünstigere Methode zur Beheizung eines kleineren Winterschutzes besteht darin, ein 48-Stunden-Grablicht mit Metallaufsatz aufzustellen. Dieses muss durch ein ca. 25 bis 30cm hohes Ofenrohr mit einer Abschlusskappe als Boden und eine Sandfüllung geschützt werden, um für Standfestigkeit zu sorgen und einem Brand im Winterschutz vorzubeugen. Diese Methode hält die Temperaturen in einem Winterschutz von 60cm Höhe und 30cm Breite bei -5°C Lufttemperatur auf einem Niveau von etwa 0°C bis +2°C.

Durch die Verwendung mehrerer Schichten aus Luftpolsterfolie kann ebenfalls ein gegen tiefere Temperaturen isolierender Winterschutz konstruiert werden, wodurch die Installation einer künstlichen Wärmequelle unter Umständen entbehrlich wird. Sämlinge oder kleinere Palmen können mit einer Abdeckung aus Laub oder evtl. grobem Rindenmulch gegen Frost geschützt werden. Um eine ausreichende Luftzufuhr und die Abtrocknung der Pflanze zu ermöglichen, muss diese Schicht bei milderen Temperaturen entfernt werden. Bei der Errichtung eines geeigneten Winterschutzes sind der Phantasie keine Grenzen gesetzt. Man muss nur auf eine gute Luftzirkulation achten. Zudem dürfen keine nässespeichernden Materialien verwendet werden.
Ausgepflanzte Palmen sollten während der ersten Winter gut gegen stärkere Fröste geschützt und erst allmählich in die Nähe ihrer Frosthärte gebracht werden. Sie dürfen nur dann Temperaturen im Grenzbereich ihrer Frosthärte ausgesetzt werden, wenn es sich auf Grund des Winterklimas, auch durch die Errichtung eines Winterschutzes, nicht mehr vermeiden lässt.

Eine ständige Überforderung der Palme, vor allem während ihrer Eingewöhnungsphase, führt zu irreversiblen Schäden oder zum Absterben der Pflanze. Ein gesunder Start in die neue Vegetationsperiode und ein gutes Wachstum der Palme wird nur dann erreicht, wenn Blattschäden an der Pflanze im Winter ausbleiben oder sich auf ein Minimum beschränken. Zu einem gleichen Ergebnis führt allerdings auch die Unterforderung der Palme durch einen Winterschutz über 2-4 Monate.
Natürlich kann es für einige Regionen in Mitteleuropa nötig sein, die Palme über diesen Zeitraum permanent unter einem Winterschutz zu halten. Ein grober Fehler würde aber darin bestehen, die Luftpolsterfolie direkt um die Palme zu wickeln. Bei höheren Temperaturen und Sonnenschein würde sie ersticken und einer Pilzinfektion erliegen.

Um die Entstehung von Krankheiten zu verhindern, muss der Winterschutz unbedingt regelmäßig belüftet bzw. eine gute Luftzirkulation ermöglicht werden. Die Zeiten der Belüftung dürfen keinesfalls zu kurz sein. Je nach Winterklima und Wetterlage kann ein Weniger beim Winterschutz oftmals ein Mehr beim Erfolg darstellen. Eine richtige Einschätzung setzt aber einige Erfahrungswerte im Umgang mit Palmen voraus.

Die folgenden Temperaturangaben stellen wiederum nur Orientierungswerte dar und sind keinesfalls verbindlich.

Kleinere Palmen besitzen eine verminderte Frosthärte, zudem kann die Frosthärte von Palme zu Palme der gleichen Art um wenige Grad variieren. Letztlich kommt es in der Nacht an den Blattoberflächen durch die vermehrte Ausstrahlung zu Untertemperaturen im Bereich des Blattwerkes. Die Untertemperaturen der Blattoberfläche liegen etwa 1 bis 2°C unter der Temperatur der Außenluft.
Sabal etonia, *Sabal palmetto*, *Sabal x texensis*, *Nannorrhops ritchiana*, *Trithrinax campestris* und *Jubaea chilensis* müssen während der ersten Winter spätestens ab -6 bis -8°C gegen strenge Fröste durch einen Winterschutz geschützt werden. Eine junge *Serenoa repens* bedarf bereits ab -6°C eines Winterschutzes.
Nach einigen Jahren kann der Orientierungswert bei diesen Palmen durchaus auf -8 bis -10°C heraufgesetzt werden.
Chamaerops humilis sollte in jedem Winter ab -6 bis -8°C auf eine der beschriebenen Arten gegen große Kälte geschützt werden.
Lediglich bei *Rhapidophyllum hystrix* und *Sabal minor* kann bei sehr kurzzeitigem, strengen Frost bis -18°C und einer geringen Luftfeuchtigkeit auf diesen aufwendigen Winterschutz verzichtet werden. Bei anhaltendem Frost unter -12 bis -14°C sollten diese Palmen allerdings nach einem Tag ebenfalls geschützt werden.
Alle *Brahea*, *Phoenix* und *Butia capitata* müssen bei Temperaturen unter -5°C unbedingt mit einem guten, möglichst beheizbaren Winterschutz umbaut werden. Einfachere Schutzmaßnahmen können selbst in einem normalen mitteleuropäischen Winter zu Schäden am Blattwerk der Palme führen.
Weder der Winterschutz aus Schilf- und Strohmatten, noch der Verschlag aus Holzlatten und Luftpolsterfolie sollte vor dem Höhepunkt der Abhärtung, also bei Temperaturen über -5°C errichtet werden. Eine Errichtung bei leichtem Frost würde die Palme in der Ausbildung ihrer Frosthärte behindern und zu einer erhöhten Frostanfälligkeit führen.
Sobald keine längeren, starken Frosteinbrüche mehr zu erwarten sind, sollte der Winterschutz wegen der besseren Durchlüftung auf einen Regen- und Nebelschutz reduziert werden.

Mario Stähler

Pflanzenschutz

Pilzerkrankungen (Mykosen)

Pilzerkrankungen sind im Vergleich zu den parasitären Erkrankungen bei ausgepflanzten Palmen häufiger anzutreffen und treten im gemäßigten Klimabereich vor allem im Winter auf.

Wichtig ist das Entfernen von Schnee aus dem Vegetationspunkt der nässeempfindlichen Palmen, da bei Tauwetter oder nassem Schnee u.U. die Gefahr der Herzfäule und des Auftretens von Pilzkrankheiten besteht.

Während eines kalten, feuchten Winters kann bei einer Palme durchaus eine Pilzerkrankung auftreten und der Vegetationspunkt in der Weise faulen, dass sich der Neutrieb einfach herausziehen lässt. Da die Infektion bereits einige Wochen zurückliegen kann, muss der faulende Neutrieb sofort entfernt werden. In diesem Fall kann man die Palme durch eine konsequente und frühzeitige Chinosolbehandlung retten. Hierzu spritzt man die Desinfektionslösung (Tabletten in Apotheke erhältlich) in gewissen Abständen auf die Palme und deren Vegetationspunkt. Zwischenzeitlich muss der Vegetationspunkt unbedingt immer wieder abtrocknen. Eine weitere, oftmals bessere Möglichkeit besteht darin, das Pulver einer zerriebenen Tablette in gewissen Abständen direkt in den faulenden Palmenstamm zu schütten. Diese Methode bietet den Vorteil, dass der Vegetationspunkt nicht zusätzlich mit Feuchtigkeit belastet wird. Besitzt die Palme noch alte, relativ gesunde Fächer, dann treibt sie meistens bereits Ende Mai wieder kräftig aus. Sollten alle Fächer abgestorben sein, sinkt die Überlebenschance der Palme. Der Neutrieb und damit die Genesung der Palme kann sich in diesem Fall durchaus bis Juli/August verzögern.
In schweren Fällen ist ein Rückschnitt des Stammes bis in festes, nicht faulendes Gewebe nötig, wobei der Vegetationspunkt nicht verletzt werden darf. Dieser befindet sich im oberen Drittel des Stammes, unterhalb des Neutriebs. Sollte bereits der gesamte Vegetationspunkt faulen, ist die Palme zumeist nicht mehr zu retten.
In der Regel wird die Palme aber im Spätsommer zögerlich wieder neue Blätter produzieren.

Fusarium-Welke
Eine weitere Pilzerkrankung ist die Fusarium-Welke. Sie entsteht durch den Fusarium-Erreger, dessen Sporen sich in der Erde halten und die Pflanze über die Wurzeln

befällt. Der Pilz blockiert die Wasserleitungssysteme der Pflanze und führt zuerst zum Absterben der älteren Blätter. Im weiteren Verlauf stirbt die Palme ab. Die Welkekrankheit lässt sich bei einer frühzeitigen Erkennung recht erfolgreich durch Benomyl behandeln.

Blattschwielenkrankheit

Die Blattschwielenkrankheit tritt besonders bei allen *Phoenix* und *Chamaerops humilis* auf. Sie wird durch den Graphiola phoenicis-Erreger verursacht und zeigt sich durch harte, runde, schwielenartige Erhebungen auf den Blättern, die Sporen abgeben. Im Verlauf vergilben die Blätter und sterben ab. Die Blattschwielenkrankheit lässt sich mit kupferhaltigen Fungiziden bekämpfen. Betroffene Blätter müssen abgeschnitten und entsorgt werden.

Blattfleckenkrankheit

Die Blattfleckenkrankheit tritt ebenfalls besonders bei allen *Phoenix* und *Chamaerops humilis* auf. Sie äußert sich durch gelblich durchscheinende Blattflecken, die im weiteren Verlauf braun werden. Die betroffenen Blätter sterben ab. Diese Krankheit wird wie die Blattschwielenkrankheit behandelt.

Wurzelfäule

Die Wurzelfäule wird bei kalten, nassen und sauerstoffarmen Böden durch den Phytophthora- oder Pythium-Erreger hervorgerufen. Diese Pilze sind von Natur aus oft in der Erde enthalten und können nur geschwächte und kranke Pflanzen befallen. Wurzelfäule zeigt sich durch gelbe Blätter. In den wärmeren Monaten stirbt die Palme ab. Man kann den Boden und die Wurzeln mit einer Captanlösung, Triforine oder mit Prothiocarb behandeln. Der Boden muss unbedingt relativ trocken und luftig gehalten werden.

Rost

Rost zeigt sich durch einen gelben oder braunen puderigen Belag auf den Blättern. Er kann sehr leicht mit Captan, Triforin oder Oxycarboxin bekämpft werden.

Abgestorbene oder unansehnliche Blätter dürfen nur mit gut gereinigtem Werkzeug entfernt werden. Schneidet man in eine grüne Stelle des Stieles, kann ein Pilz in die noch unverschlossene Blattnarbe eindringen. Gleiches gilt für die oftmals praktizierte Stammschälung bei Trachycarpus fortunei. Durch eine unvorsichtige und unsachgemäße Entfernung des Fasergewebes wird der Stamm verletzt und bietet für Pilze eine geeignete Angriffsfläche. Durch diesen Eingriff wird lediglich der "Schmuckwert" der Palme erhöht, da sie hierdurch einen schlanken und dunkelgrünen Stamm erhält. Ob sich dies auf die Frosthärte der Palme auswirkt bleibt fraglich.

Tierische Schädlinge

Tierische Schädlinge sind bei ausgepflanzten Palmen in unserem Klimabereich eher selten. Schädlinge wie Schildläuse, Woll- und Schmierläuse, Spinnmilben und Thripse treten, wenn überhaupt, nur im Sommer während längerer Trockenperioden und bei zu warmer und trockener Luft auf. Das Abspritzen der Pflanze mit dem Gartenschlauch ist hier bereits eine wirkungsvolle und zweckmäßige Bekämpfungsmethode.
Nur bei einem starken Befall kann evtl. auf biologische Mittel (z.B. pflanzliche Insektizide) bzw. im Extremfall auf chemische Mittel (Insektizide, Akarizide) nicht verzichtet werden.
Asseln und Ohrwürmer können recht unangenehme Fraßschäden am Blattwerk und am Wurzelsystem der Palme verursachen. Die Wurzeln sind besonders durch die ab August in der Erde schlüpfenden Larven gefährdet. Ausgewachsene Ohrwürmer befallen die jungen Blätter. Bei der Bekämpfung von Ohrwürmern sollte man ab August die Entwicklung von Larven verhindern. Hierzu kann im August und September der Boden um die Palme im Abstand von zwei Wochen mit einem malathionhaltigen Mittel begossen werden.
Schnecken können gelegentlich die weichen Blätter von Palmensämlingen befallen. Sie können gegen Abend leicht von der Palme abgesammelt werden. Wühlmäuse können das Wurzelsystem schädigen.

Physiologische Störungen

Weiterhin können ausgepflanzte Palmen auf Grund einer erhöhten Sonneneinstrahlung im Frühjahr einen Sonnenbrand erleiden. Dieser ist besonders bei Palmen zu beobachten, die über mehrere Wochen oder Monate unter einem Winterschutz verborgen waren. Durch einen Sonnenbrand geschädigte Blätter sehen matt bis gelblich aus und sterben in schweren Fällen ab, wodurch die Palme stark geschwächt wird.
Ein Sonnenbrand ist dadurch zu erklären, dass sich die Palme an die geringe winterliche Beleuchtungsstärke angepasst hat. Durch die plötzliche Sonneneinstrahlung im Frühjahr ändern sich auf einmal die wichtigsten wachstumsbestimmenden Faktoren. Die Beleuchtungsstärke steigt bereits im April enorm an und erreicht bei wolkenlosem Himmel im Juni ihre höchsten Werte.
Da sich die Blätter stärker als die sie umgebende Luft aufheizen, kann der Wasserhaushalt der Palme zusammenbrechen; die Blätter erleiden Verbrennungen. In diesem Fall sollte die Palme unverzüglich mittels einer Schattierung wieder langsam an die gestiegene Beleuchtungsstärke gewöhnt werden.

Ferner sollte Schnee von den Blättern abgeschüttelt werden, da diese sonst unter dem Gewicht leicht abknicken. Eisregen führt zu kleinen Einrissen in den Blättern und kann diese stark schädigen. Ausgepflanzte Palmen können in einem Extremwinter durchaus einmal alle Blätter verlieren. Dieser Verlust wird jedoch meistens während einer Vegetationsperiode wieder ausgeglichen.

* * *

Schlussgedanke

Selbst wenn Sie alle Regeln einhalten, die in diesem Buch beschrieben sind, kann der gewünschte Erfolg ausbleiben, z.B. wenn die Palme in einem Extremwinter einen irreversiblen Schaden erleidet und abstirbt. Hierdurch sollte man sich jedoch nicht entmutigen lassen.

Ein besonderer Dank gilt den Palmenfreunden, die mir bei der Erarbeitung dieses Buches eigene Erfahrungen zur Verfügung gestellt haben. Namentlich möchte ich mich recht herzlich bei Silvia Knödler, Jürgen Eisel, Rainer Gesell-Schulte, Robert Lackner, Werner Greschner und Lutz Lea bedanken.
Ein ganz besonderer Dank gilt Tobias Spanner und der EPS, durch deren tatkräftige und finanzielle Unterstützung dieses Buch veröffentlicht und einem breiten Interessentenkreis zugänglich gemacht werden konnte.

Viel Erfolg und eine Menge Freude an Ihrem neuen Hobby wünscht Ihnen

Mario Stähler
(Mitglied der EPS)

* * *

Anhang

Palmengesellschaft

Hier erhalten Sie weitere Informationen über das Magazin „Chamaerops“:

The European Palm Society
c/o Tobias W. Spanner
Tizianstraße 44
80638 München
Tel. 089-1577902 - Fax 089-1577902
Homepage: www.palmsociety.org
E-mail: briefe@palmsociety.org

Autor

Mario Stähler
Friedrich-Ebert-Ring 18
55743 Idar-Oberstein
Tel.: 06781/24147
Email: mario.staehler@t-online.de

Bezugsquelle

Palme Per Paket (Versand)
Tizianstraße 44
80638 München
Tel. 089-1577902 - Fax 089-1577902
Homepage: www.palmeperpaket.de
E-mail: mail@palmeperpaket.de

Das Palmenhaus (Direktverkauf)
Am Schnepfenweg 29
80995 München
Tel. 089-1508594

Index